디지털 시대와 4차 산업혁명에 대비한

교육의 시대

정제영

The Age of Education

박영story

머리말

　우리 사회에서 제4차 산업혁명과 디지털 혁명에 대한 논의는 큰 화두로 자리잡고 있다. 그동안 교육 분야에서 다양한 변화가 시도되어 왔지만 급속한 사회 환경의 변화에는 뒤처지고 있다는 비판을 받아 왔다. 교육은 기본적으로 미래를 대비하여 인재를 양성하는 일이지만 현장에서 이루어지는 교육은 정해진 교육과정을 가르치는 일도 제대로 하기 어려운 상황이다. 현재의 교육에 대한 비판이 다양하게 제기되고 있지만 적극적으로 미래를 대비한 교육 시스템을 설계해보려는 시도는 아직 이루어지지 못하고 있다.

　미래 사회를 대비하기 위해 교육을 새롭게 디자인하려는 시도는 지속되어 왔지만 오히려 교육계 내부에서는 논의가 활발하게 이루어지지 않고 있다. 교육계 내부에서 미래에 대비한 교육을 고민하기 어려운 현실이다. 정치적, 경제적, 사회적, 기술적 관점에서 시도되는 다양한 교육 혁신 주장에 대해 교육계는 수동적이고 비판적으로 대응하는 상황이라고 할 수 있다. 교육정책 담당자는 교육 관련 집단들의 수많은 불만들에 대해 대답을 하기에도 바빠서 찬찬히 미래 교육을 구상할 여유가 없다. 초·중등학교 교육의 현장에 있는 교사들은 수업과 평가, 학생들의 생활지도와 상담, 행정적 업무를 처리하는 것에 바빠서 여력이 없다. 학부모들은 미래 사회의 변화에 관심이 많지만 교육의 거시적 변화보다는 자녀 교육의 방향, 대학입시에 더 관심이 많다. 미래 사회 변화에 대응하기 위한 교육의 변화를 위해서는 교육 주체들의 고민과 혁신을 위한 노력이 더욱 필요하다.

　교육제도와 정책에 관심을 갖고 있는 저자는 실제 교육 정책의 과정과 교육 현장의 경험을 바탕으로 미래 교육의 방향에 대한 고민을 지속해 왔다. 교육계 내부와 외부의 전문가들을 만나서 논의를 하고, 학생들과 미래 교육의 방향에 대해 자주 이야기도 나눈다. 때로는 교장과 교감, 교사, 학부모들을 만나서 함께 교육의 문제에 대해 토론을 하기도 했다. 연구의 과정에서 저자 스스로 교육에 대해 고민하고 분석하고 예상해 보면서 미래 교육의 방향은 지속적으로 변화하고 발전해 나가는 것을 느꼈다. 미래 교육에 대한 저자의 상상은 앞으로 더 많은 변화 가능성을 갖고 있음을 전제로 하여 현재까지의 생각을 정리해 보기로 하였다.

　이 책은 미래 교육에 대한 저자의 잠정적인 방향을 정리한 것이다. 책으로 남기기에는 부족한 부분이 많이 있고, 전체적인 미래 교육의 방향을 모두 담고 있지 못하였다는 한계가 있다. 이 책을 통해서 많은 사람들과 소통하고 토론하고 정책적 상상을 더욱 구체화하고 싶은 마음으로 출간을 결정하게 되었다. 아직 성숙하지 않은 미래 교육에 대한 상상을 공개하는 것이 부담스럽기는 하지만 교육계에 계시는 독자들이 보내줄 질문과 비판, 첨언과 격려를 통해 더 발전된 미래 교육의 구상을 만들어보고 싶은 동기가 출간의 이유이다.

　우리의 교육 시스템은 이미 정해진 미래에 의해 위기에 빠져 있다. 위기는 위험한 상황과 기회를 동시에 내포하고 있다. 인구구조 측면에서 저출산으로 인한 학령 인구의 감소와 고령화로 인한 생애주기의 변화가 나타나게 되었고, 이는 교육분야에서 새로운 시스템을 설계해야 하는 가장 중요한 원인이 되고 있다. 저출산은 교육 공급자에게 매우 위험한 상황이지만 대상인 학생들의 관점에서 본다면 교육여건이 좋아질 수 있는 기회이다. 고령화로 인한 변화는 학습자의 관점에서는 평생 공부해야 하는 위기에 해당하지만 교육 공급자의 측면에서는 평생학습의 활성화를 위한 좋은 기회가 될 수 있다. 제4차 산업혁명과 디지털 혁명은 교육의 방법을 획기적으로 변화시킬 것으로 예상된다. 극단적으로 가르치는 일을 기계가 대체할 수 있다는 예상도 제기되고 있고, 일부는 실제로 구현되고 있는 상황이다. 미래 직업세계의 변화는 예측하기 어렵고, 필요로 하는 인재상과 역량도 계속 변화할 것이라는 전망에 따라 교육계는 심각한 도전 상황에 직면하고 있다. 교육계가 능동적이지 못할 경우에 미래 사회의 변화는 교육 시스템을 수동적으로 변화시킬 것이다.

저자는 미래 사회를 교육의 시대로 규정하고자 한다. 인간의 수명은 100세를 넘어 어디까지 이를지 모를 정도로 점차 길어지고 있다. 하나의 대학 전공을 가지고 평생을 살 수 있는 시대는 사라지고 평생에 걸쳐 새로운 지식과 정보를 습득하고 이를 활용하여 살아가야 하는 진정한 평생학습의 시대가 도래하였다. 새로운 지식과 정보를 암기하고 이해하는 기본적 학습 능력을 바탕으로 새로운 지식을 창조할 수 있는 창의적 인재를 필요로 하고 있다. 교육의 중요성은 더욱 강조되며 이를 위해 교육의 패러다임이 바뀌어야 하는 새로운 교육의 시대가 도래한 것이다. 미래를 대비한 교육을 위해서는 교육의 목표와 방향, 방법이 모두 변해야 하는 상황에서 전면적인 교육 시스템의 혁신이 요구된다. 교육계를 중심으로 사회 구성원의 합의를 통해 교육의 장기적인 비전을 설정하고, 교육제도 전반에 대한 창조적 디자인이 필요하다. 이 책이 미래 교육의 방향을 설정하는 논의를 위한 사회적 발제의 역할을 하게 되었으면 하는 소망이다.

초판이 나오기까지 많은 분들의 도움을 받았다. 학부와 대학원에서 교육학의 기초를 만들어주신 모교 교육학과 교수님들, 교육부의 정책 추진 과정에서 교육정책 철학과 실무적 역량을 길러주신 교육부의 선후배님들, 이화의 가족으로 따뜻하게 대해 주시는 동료 교수님들께 감사의 말씀을 전한다. 발제와 토론의 과정에서 많은 교육적 영감을 주시는 현장의 교원, 학부모님들께도 감사의 말씀을 드리고 싶다. 학부와 대학원의 학생들은 가르치는 과정이 배우는 과정임을 깨닫게 해주는 중요한 동료 학습자들이다. 매주 모여서 스터디와 다양한 연구를 통해 같이 공부하는 대학원 지도학생들과 특히 이 책이 나오는 데 많은 도움을 주었던 선미숙 박사, 장수연, 정예화, 남예슬, 김재령 선생에게 특별히 고마움을 전한다. 출판이 될 때까지 아낌없는 지원을 해주신 박영스토리 직원분들께도 감사를 전한다. 마지막으로 항상 전폭적인 사랑과 지원으로 함께 해주는 사랑하는 아내와 진우에게 따뜻한 마음을 전한다.

2018년 9월

저자 정 제 영

Contents

- 저출산으로 인한 학령인구 감소
- 고령화로 인한 생애주기 변화
- 사회적 양극화와 교육격차 심화
- 정해진 미래에 대한 대응

01

이미 예정되어 있던
교육 환경 변화

교육은 정치, 경제, 사회, 문화적인 통합적 환경에서 이루어지는 활동이다. 국가가 운영하는 공교육(public education) 제도인 학교교육은 이러한 환경 변화에 따른 영향을 더 크게 받을 수밖에 없다. 이러한 환경 변화는 우리나라 교육제도와 정책 변동에 많은 영향을 미쳐왔고, 앞으로도 그 영향력은 지속될 것이다.

여러 교육 환경의 변화 가운데 이미 방향이 정해진 미래 요소들이 있다. 그 가운데 인구구조 변화라는 측면에서는 저출산으로 인한 학령 인구의 감소, 고령화로 인한 생애주기의 변화, 급속한 다문화 사회로의 변화 등이 주요하다. 더불어 사회적 양극화가 심화되는 가운데, 그로 인한 교육격차도 더욱 심각한 수준으로 나타나고 있다. 미래 교육을 논의할 때 이처럼 정해져 있는 환경 변화의 방향에 대해 먼저 이해할 필요가 있다.

저출산으로 인한
학령인구 감소

달라진 대한민국 인구 구조

우리나라의 교육에 영향을 미치는 환경 변화는 매우 빠르게 진행되고 있으며, 적극적인 대응이 필요한 수준이다. 가장 시급하게 대응해야 할 과제는 저출산으로 인해 줄고 있는 학령인구 문제다. 통계청의 e-나라지표에서 추출한 우리나라의 인구 변화 추이를 살펴보면, 총인구는 1970년대 32백만 명에서 1985년에 45백만 명, 2015년에 51백만 명으로 증가했다. 인구성장률을 살펴보면 1970년에 2.18%에서 1990년에는 0.99%, 2005년에 0.21%로 최저점을 기록하고 조금 상승했다가 2017년에 0.39%로 다시 감소하는 추세를 보인다. 합계출산율을 살펴보면 1970년에 4.53명에서 1980년 2.82명, 1985년에 1.66명, 2000년에는 1.47명이었다가 2005년에 1.08명으로 최저치를 보인 뒤 조금 상승하다가 2016년 1.17명으로 나타났고, 2017년에는 역대 최저 수준인 1.05명으로 나타났다.

표 1-1. **우리나라의 인구 변화 추이**

	1970	1975	1980	1985	1990	1995	2000	2005	2010	2015	2016	2017
총인구 (1,000명)	32,241	35,281	38,124	40,806	42,869	45,093	47,008	48,185	49,554	51,015	51,246	51,446
인구 성장률 (%)	2.18	1.68	1.56	0.99	0.99	1.01	0.84	0.21	0.50	0.53	0.45	0.39
합계 출산율 (명)	4.53	3.43	2.82	1.66	1.57	1.63	1.47	1.08	1.23	1.24	1.17	1.05

출처: e-나라지표, 통계청, 「인구총조사」, 「장래인구추계」.

2017년 기준 우리나라의 합계출산율은 1.05명으로 OECD 국가 평균인 1.70명보다 매우 낮은 수준이다(OECD, 2014). 연도별 출생아 수를 살펴보면 1957년 이후 1971년생까지 100만 명이 넘었으나, 이후 지속적으로 줄면서 1996년에 70만 명대가 깨지고 60만 명대에 접어들다가 2002년부터는 40만 명대로 급감한다. 2002년 이후 많은 정책적 노력을 기울였지만 신생아 출생은 40만 명대를 유지하는 데 그치다가, 2017년도에는 35만 명대로 더욱 감소했다.

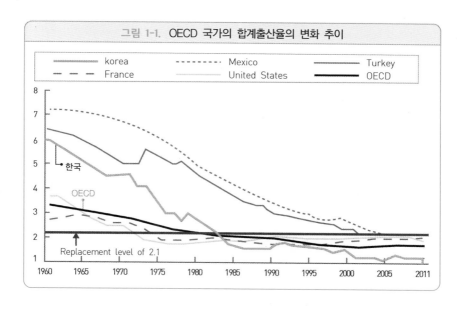

그림 1-1. OECD 국가의 합계출산율의 변화 추이

OECD family database(2016)에 따르면, OECD 국가의 2014년 평균 합계출산율(Total Fertility Rate: TFR)은 이스라엘이 3.08명으로 가장 높고, 한국은 1.21명으로 가장 낮은 수준이다. 2017년에는 1.05명으로 더욱 하락한 상황이다. 전반적으로는 OECD 평균 합계출산율을 넘어선 국가보다 이에 미치지 못하는 국가들이 더 많은 것으로 나타났다(OECD Family Database SF2.1, 2016: 1). 합계출산율이 OECD 국가 평균인 1.68명

보다 높은 국가는 덴마크, 노르웨이, 스웨덴 등 북유럽 국가와 영국, 프
랑스, 네덜란드, 벨기에, 호주, 미국, 멕시코 등이다. 체코, 슬로베니아,
슬로바키아, 루마니아, 폴란드, 크로아티아, 헝가리 등 동유럽 국가들과
일본, 한국 등 아시아 국가들은 OECD 평균 이하의 합계출산율을 나타내
고 있다.

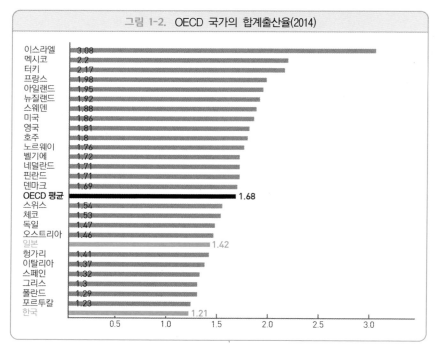

그림 1-2. OECD 국가의 합계출산율(2014)

출처: OECD (2016), Fertility rates (indicator).
　　　(10.1787/8272fb01-en, 검색일 2016년 10월 6일), 재구성.
* 주: OECD 평균은 총 39개국 기준으로, 그림에는 지면상 일부 국가(라트비아, 루마니아, 룩셈부르크,
　　리투아니아, 몰타, 불가리아, 슬로바키아, 슬로베니아, 아이슬란드, 에스토니아, 크로아티아,
　　키프로스)의 값이 생략됨.

디지털 시대와 4차 산업혁명에
대비한 교육의 시대

우리나라 학령인구의 변화 추이

저출산과 고령화로 요약되는 우리나라의 인구구조 변화는 학령인구 감소에도 큰 영향을 미치고 있다. 통계청의 e-나라지표에서 추출한 우리나라의 학령인구 변화 추이를 살펴보면, 유치원과 초등학교, 중학교, 고등학교를 포함하는 전체 학령인구는 2010년에 867.7만 명으로 나타났는데, 2017년 현재 716.4만 명으로 감소하였고, 2020년에는 680.5만 명, 2025년에는 675만 명, 2030년에는 663.3만 명으로 감소하리라 예상된다. 2010년을 기준으로 본다면 2015년에는 86.7%로 줄었고, 2017년에는 82.6%인 상황이다. 미래를 예측해 본다면 2020년에는 78.4%, 2030년에는 76.4%로 감소할 전망이다.

표 1-2. 우리나라의 학령인구 변화 추이

연도	2010	2015	2016	2017	2018	2019	2020	2025	2030
합계	8,677	7,524	7,335	7,164	7,004	6,864	6,805	6,750	6,633
변화율(%)	1.000	0.867	0.845	0.826	0.807	0.791	0.784	0.778	0.764
유치원	1,337	1,380	1,388	1,360	1,358	1,356	1,356	1,342	1,313
초등학교	3,276	2,736	2,702	2,739	2,757	2,752	2,719	2,691	2,663
중학교	1,974	1,563	1,448	1,381	1,339	1,318	1,359	1,367	1,333
고등학교	2,090	1,846	1,796	1,684	1,551	1,438	1,370	1,350	1,324

출처: e-나라지표, 통계청, 「전국장래인구추계」.

출생아 수가 급격히 줄면 결과적으로 학령인구 감소로 연결되며, 20년이라는 시차를 두고 대학 입학자원 감소로 연결되는 상황이다. 이미 대학들이 신입생을 확보하지 못하는 미충원 현상이 확산되고 있다. 2014년 교육부는 대학구조개혁 추진계획을 발표하면서 "2018년부터 대입정원과 고교졸업자 수의 역전현상이 발생하고, 2020년 이후 초과 정원이 급격히 증가할 것"이라 예상하고 있다. 현재 두 차례에 걸친 대학구조조정을 추진하여 대학 정원을 하향 조정한 상황이다. 하지만 대학의 정원 조정 속도에 비해서 고교졸업자 수는 더 빠른 속도로 줄어들고 있어서 유치원에서 시작해서 초등학교, 중학교, 고등학교를 거쳐서 대학에 밀어닥치게 될 학령인구 감소의 위기는 가속화될 것으로 전망된다.

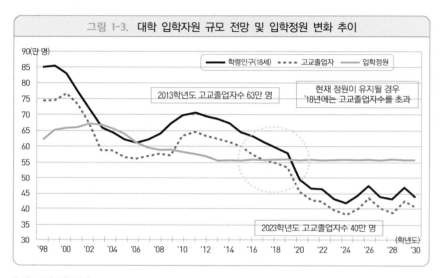

그림 1-3. 대학 입학자원 규모 전망 및 입학정원 변화 추이

출처: 교육부(2014).

대입 자원이 급격히 줄면서 교육의 질과 관계없이 지방대학·전문대학부터 타격을 받게 되리라 예상되며, 결과적으로 고등교육의 생태계 전체를 황폐화할 우려가 제기되고 있다. 일자리 창출, 산업인력 양성 및 공급, 지역 문화 형성 등 지역에서 대학의 역할을 고려할 때 "지방대학의 위기는 지역의 위기"로 직결될 수 있다. 대학별 신입생 미충원 인원의 대부분이 지방에 소재한 대학이며, 그 중에서 지방에 소재한 전문대학이 가장 위협을 받고 있다. 따라서 지방 소재 대학의 경우 위기가 먼저 찾아올 가능성이 커지고 있다. 하지만 지방대학과 전문대학의 위기는 연쇄적으로 수도권 대학의 대학원 교육 위기로까지 이어질 것으로 예상되며, 이러한 현상의 전조적 징후는 현재도 나타나고 있다.

디지털 시대와 4차 산업혁명에
대비한 교육의 시대

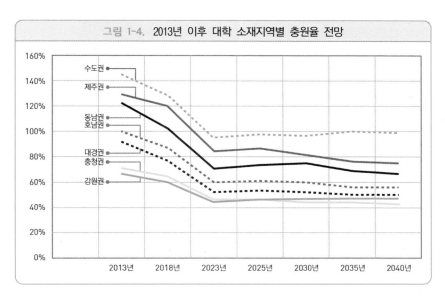

그림 1-4. 2013년 이후 대학 소재지역별 충원율 전망

출처: 배상훈(2011).

학령인구(6-21세)는 2015년 892만 명에서 2025년 708만 명으로 향후 10년간 184만 명이 감소할 전망이다. 교육계가 주로 걱정하는 것은 학생 인구 감소에 따른 교육 분야의 규모 축소라고 할 수 있다. 대학뿐 아니라 초·중등학교의 경우에도 사립학교는 학교의 존폐가 위협을 받을 수준으로 재정난에 허덕이고 있다. 사립대학의 경우에는 등록금 동결이라는 정책적 변수와 결합되어 신입생 감소로 위기를 겪고 있으며, 일부 사립 초등학교는 학생수의 격감으로 폐교위기에 몰려 있다. 국공립학교의 경우에도 학령인구 감소는 폐교의 문제로 직결되어 농어촌뿐 아니라 도심지의 학교는 소규모 학교로 운영되고 있어서 효율성에 심각한 문제가 있는 것으로 나타나고 있다.

한편 학생수의 감소로 인해 교육의 질은 개선될 수 있다는 시각도 있다. 지금까지는 학급당 학생수, 교원 1인당 학생수가 많고 국가의 지원은 적어서 대량생산 방식의 공장형 교육을 실시할 수밖에 없었다. 하지만 학생 숫자가 크게 줄기 때문에 제4차 산업혁명기에 필요한 개인 맞춤형의 질 높은 교육을 구현할 수 있는 가능성이 높아진다는 것이다. 교육을 통해 모든 아이들에게 기계가 할 수 없는 일을 담당할 역량을 길러주는 것이 현실적으로 가능해질 수 있다. 인구절벽으로 인해 우리 사회에도 일본과 같은 고급인력 부족 사태가 곧 몰아닥칠 것을 대비하기 위해서라도 개인 맞춤형 교육으로 전환하는 기회로 삼아야 한다는 것이다.

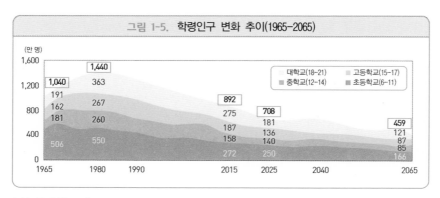

그림 1-5. 학령인구 변화 추이(1965-2065)

출처: 통계청(2016).

디지털 시대와 4차 산업혁명에
대비한 교육의 시대

고령화로 인한
생애주기 변화

고령화 사회로의 급진전

우리나라의 인구구조 변화 가운데 고령화가 저출산과 함께 빠른 속도로 진행되고 있다. 우리나라의 고령화 진행 속도는 세계적인 수준인데, 평균 수명 증가와 저출산이 동시에 이루어지고 있기 때문이다. 전체 인구에서 65세 이상 인구가 차지하는 비율이 7% 이상 14% 미만이면 고령화사회(Aging Society), 14% 이상 20% 미만이면 고령사회(Aged Society), 20% 이상이면 초고령사회(후기고령사회, post-aged society)로 분류한다. UN 보고서에서는 우리나라의 경우 2018년 고령사회에 진입, 2026년 초고령사회로 진입하리라 전망한다.

노령화 지수는 15세 미만 인구 대비 65세 이상 인구의 비율을 뜻한다. 우리나라는 1990년에 노령화 지수가 20.0이었으나, 저출산과 고령화 현상이 심해지면서 2015년에는 94.1, 2050년에는 376.1로 예상된다. 노령화 지수가 급격히 증가한다는 사실은 우리 사회의 인구구조 또한 마찬가지로 급격히 변화할 것임을 시사한다.

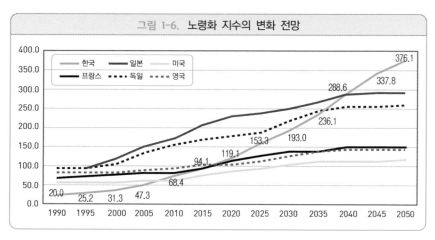

그림 1-6. 노령화 지수의 변화 전망

출처: e-나라지표(http://www.index.go.kr), 통계청, 「장래인구추계」.

우리나라는 그동안 세계에서 가장 젊은 나라에 속했는데, 향후 50년 이내 가장 늙은 나라로 변화하리라는 전망이 우세하다(OECD, 2014). 노인부양비는 2014년 26.5%에서 2040년 57.2%로 늘어나며, 고령화로 인해 연금과 복지 분야 지출이 늘어 국가 재정에서 부담요인으로 작용하리라 예상된다. 국회입법조사처(2017)의 '노인 부양부담의 증가 및 정책적 시사점' 보고서에 따르면 2075년에는 우리나아 노인부양비가 80.1명에 달해, 일본을 넘어 OECD(경제협력개발기구) 회원국 가운데 최고 수준에 도달하리라 내다보고 있다.

노인부양비는 생산가능인구(20~64세) 100명당 65세 이상 인구의 비율을 의미하는데, 이 비율이 낮을수록 경제활동인구 1인당 부담은 낮아진다는 의미다. 2015년 현재 노인부양비는 19.6명으로 OECD 회원국 평균인 27.6명보다 낮은 상황이지만, 한국의 급속한 고령화와 저출산 변화에 영향을 받아 2025년에는 31.1명, 2050년 71.5명으로 걷잡을 수 없이 치솟을 전망이다. 생산가능 인구는 2016년을 정점(3,763만 명)으로 감소하기 시작하여 베이비붐 세대가 고령인구로 빠져나가는 2020년대부터는 연평균 34만 명씩 감소하고, 2030년대에는 연평균 44만 명씩 감소한다.

고령인구는 2015년 654만 명에서 2025년에 1,000만 명을 넘고, 2065년에는 1,827만 명까지 증가할 전망이다.

그림 1-7. 노인부양 인구 추계

2005년
(8.2명이 노인 1명 부양)

2020년
(4.6명이 노인 1명 부양)

2050년
(1.4명이 노인 1명 부양)

출처: 근로복지공단 블로그(http://blog.kcomwel.or.kr/1036).

　고령인구 급증과 생산가능인구 급감 통계는 평균수명이 급속히 증가하고 있는데도 생산가능인구와 고령인구의 전환점을 과거 기준인 65세로 잡고 있기 때문이다. 평균수명이 80세를 넘고 있는 시점에서는 65세가 넘어도 생산활동이 가능하다. 우리나라도 베이비붐 세대가 산업현장을 떠나고 인구절벽세대가 산업현장에 들어서는 시점부터 일본처럼 젊은 인구 부족현상이 심각해질 것이다. 이때에는 65세를 넘더라도 신체적·정신적으로 생산활동이 가능하고, 본인이 원하며, 산업체가 필요로 하는 역량을 갖추고 있을 경우에는 얼마든지 생산활동을 할 수 있을 것이다. 그리고 피부양 인구가 급격히 줄어들기 때문에 실제로도 생산활동을 할 수밖에 없을 것이다.

기대수명 연장과 생애주기 변화

기대수명은 연령별 사망률 통계를 기반으로, 사람들이 평균적으로 얼마나 오래 살 것인지를 산출한 것이다. 흔히 현 시점에서 0세의 출생자가 향후 생존할 것으로 기대되는 평균 생존연수, 즉 '0세의 기대여명'을 의미하며, '평균수명'이라고도 한다. 기대수명은 점점 길어지는 추세에 있는데 얼마나 길어질지에 대해서는 현재 많은 논의가 진행되고 있다. 기대수명의 연장은 인간의 생애주기가 변화한다는 것을 의미한다.

하비거스트(Havighurst, 1948; 1953)는 성인의 발달단계를 청년기(18~30세), 중년기(30~), 노년기(60~)로 구분한 바 있다. 하지만 최근 UN(2015)에서 발표한 인간 생애주기 구분을 살펴보면 0~17세는 미성년자, 18~65세는 청년, 66~79세는 중년, 80~99세는 노년으로 구분하고, 100세 이후는 장수 노인으로 명명했다. 이러한 변화는 고령화가 세계적인 추세임을 반증하는 것이라 하겠다.

기대수명이 양적인 측면에서 건강 수준을 대표하는 지표라면, 건강수명은 건강의 질적인 측면을 보여주는 지표다. 우리나라 인구의 기대수명은 1970년 62.3세에서 2016년 82.4세로 45여 년 동안 약 20년이 늘어났다. 기대수명은 여자가 남자보다 길다. 2016년 현재 여자의 기대수명은 85.4세로 남자의 79.3에 비해 6.1년이나 더 길다. 세계 주요 국가들과 비교했을 때 1970년에서 1975년 사이에 한국인의 기대수명은 63.1세로, 일본이나 유럽 국가들에 비해 약 10세가 더 짧았다. 그러나 2010년을 전후로 한국인의 기대수명은 80세까지 상승하면서 선진국 수준에 도달했다. 한국인의 기대수명이 단시간에 길어졌음을 알 수 있다(e-나라지표, 2018).

표 1-3. **기대수명의 변화 추이**

	1970	1980	1990	1995	2000	2010	2011	2012	2013	2014	2015	2016
전체	62.27	66.15	71.66	73.81	76.01	80.24	80.62	80.87	81.36	81.80	82.06	82.36
남자	58.74	61.89	67.46	69.70	72.35	76.84	77.26	77.57	78.12	78.58	78.96	79.30
여자	65.81	70.41	75.87	77.94	79.67	83.63	83.97	84.17	84.60	85.02	85.17	85.41

출처: e-나라지표(http://www.index.go.kr), 통계청(2017).

디지털 시대와 4차 산업혁명에
대비한 교육의 시대

건강수명은 기대수명에서 질병이나 사고로 원활히 활동하지 못하는 기간을 뺀 나머지 수명을 의미하며, 건강한 상태로 얼마나 오래 살 수 있는지를 나타낸다. 한국인의 건강수명은 2000년 68세에서 2007년 71세, 2015년 73세로 꾸준히 늘어났다. 기대수명과 마찬가지로 건강수명도 여자가 남자보다 더 길다. 2015년 기준 여자의 건강수명은 75세로 남자의 70세에 비해 5년이나 더 길다. 최근 한국인의 건강수명(73세)은 기대수명(82.1세)과 약 9년 정도 차이가 나는데, 이 차이가 결국 질병이나 사고로 와병 상태에 있었던 기간이 된다. 연장된 건강수명은 한국인의 삶의 질이 양적인 측면뿐만 아니라 질적인 측면에서도 향상되고 있음을 드러낸다. 한국인의 건강수명은 경제력이 비슷한 다른 나라들과 유사한 수준이다. 2015년 기준 주요국의 건강수명을 살펴보면, 일본이 75세로 가장 길고 한국, 프랑스, 이탈리아, 스위스 등이 73세, 그리스, 네덜란드, 스페인, 스웨덴 등이 72세, 포르투갈, 영국, 독일 등이 71세이다(e-나라지표, 2018).

사회적 양극화와
교육격차 심화

사회적 양극화 현황

우리 사회의 지속가능한 발전을 저해할 수 있는 위협 요인으로 제기되는 문제 가운데 하나는 양극화의 심화이다. 경제·사회 양극화 현상은 교육을 매개로 세대와 세대로 이어질 수 있다는 점에서 양극화의 악순환으로 이어질 수 있다. 최근 회자되는 '수저론'은 부모의 사회경제적 지위가 자녀에게 고스란히 이어지는 폐단을 비판하는 관점이다.

교육부(2017a)에 따르면 경제·사회 양극화로 인해 교육 투자 면에서 격차가 심화되고 있으며, 교육을 통한 계층이동 가능성에 대한 믿음도 약화되고 있다. 소득 1분위와 5분위 가정 간 교육비 격차가 2008년에는 5.2배에서 2016년에는 7.1배로 확대된 것으로 나타났다. 통계청의 발표에 따르면 계층 상향이동에 대한 비관적 인식이 2006년 29%에서 2013년 43.7%로 높아졌다. 한국개발연구원(2013)의 연구 결과를 보면 '성공을 위한 노력'에 대한 믿음을 국가별로 비교한 결과 우리나라는 51%로 나타나, 미국의 64%나 중국의 67%에 비해 낮은 수준이다.

교육격차는 생애단계별로 지속적으로 영향을 미치고 있다. 유아교육의 경우에는 정부에서 학비·보육료 지원을 하고 있으나, 저소득층 유아가 사립유치원에 다니기에는 여전히 문턱이 높다. 2016년 현황을 보면 유아 1인당 유치원이나 어린이집의 부담금이 국공립 유치원의 경우 연간 137,376원인 반면 사립유치원은 2,606,280원에 이르고, 영어유치원의 경우에는 연간 1천만 원이 넘는 경우도 많다. 유아교육에 대한 교육 투자의 격차가 전 생애에 걸쳐 영향을 미친다는 점에서 이러한 차이는 매우 중요한 의미를 지닌다.

표 1-4. 원아 1인당 유치원·어린이집 연간 부담비용 비교('16)

구분	유치원		어린이집	
	국공립	사립	국공립	사립
학비·보육료	1,457,376원	6,086,280원	–	4,114,476원
학부모부담*	137,376원	2,606,280원	0원	634,476원
가장 높은 지역	(경기) 430,692원	(서울) 3,720,756원	0원	(서울) 752,004원
가장 낮은 지역	(제주) 0원	(제주) 1,143,072원	0원	(경북) 501,996원

* 학부모부담 = 학비·보육료 – 연간 정부지원금(국공립유치원 121만 원, 사립유치원 및 어린이집 348만 원)
출처: 교육부(2017a).

소득계층 간 교육투자 격차도 심각한 상황이다. 소득수준에 따른 교육비 투자 격차(10.2배)는 매우 크고, 특히 사교육비 투자에서는 더 큰 차이 (12.7배)를 보인다. 통계청의 가계동향조사 결과에 따르면, 월 소득 600만 원 이상인 가정과 월 소득 100만 원 미만인 가정의 교육비 지출 격차는 2006년 9.5배에서 2016년 10.2배로 점차 심화되는 추세다.

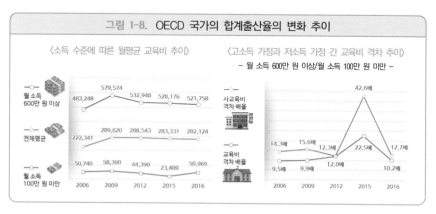

그림 1-8. OECD 국가의 합계출산율의 변화 추이

출처: 교육부(2017a).

상급학교 진학에서도 소득 계층 간 양극화가 발생하고 있다. 사회경제적 지위가 높은 학생이 대학입시에서도 우수한 결과를 보이는데, 대도시, 중소도시, 읍면 지역 순으로 수학능력시험 성적이 높은 것으로 나타난다. 소위 명문대학이라고 할 수 있는 서울대, 연세대, 고려대 재학생 다수는 국가장학금이 필요 없는 학생이라는 언론 보도가 나오고 있다. 대학에 입학한 뒤로도 저소득층 학생들은 학비 부담 탓에 학업에 충실하기 어렵고, 취업 준비를 위한 해외연수나 졸업유예 신청에도 더 제약이 있는 상황이다. 한국청소년정책연구원(2016)의 '대학생 졸업유예 실태 및 지원방안 연구'에 따르면 졸업유예자의 52.8%는 부모가 비용을 지불하고, 부모가 졸업유예 비용부담을 감당할 수 없는 저소득층 학생은 졸업유예 선택에 제약이 있는 것으로 나타났다.

표 1-5. 소득수준별 1인당 월평균 사교육비 및 사교육 참여율

(단위 : 만 원, %)

구분	사교육비(만 원)			사교육 참여율(%)		
	2015	2016	증감률(%)	2015	2016	증감(%p)
전체	24.4	25.6	4.8	68.8	67.8	−1.0
100만 원 미만	6.6	5.0	−23.6	32.1	30.0	−2.1
100~200만 원 미만	10.2	9.8	−4.0	43.1	42.8	−0.3
200~300만 원 미만	15.9	15.4	−3.2	59.4	56.2	−3.2
300~400만 원 미만	21.2	21.1	−0.9	70.2	67.1	−3.2
400~500만 원 미만	26.6	26.5	−0.7	76.2	73.1	−3.1
500~600만 원 미만	31.1	31.0	−0.4	78.9	76.1	−2.8
600~700만 원 미만	36.1	36.5	1.2	82.7	80.1	−2.6
700만 원 이상	42.0	44.3	5.6	82.8	81.9	−0.9

출처: 교육부(2017b).

사교육에 있어서도 교육격차가 존재한다. 사교육비 통계를 살펴보면 2016년 기준 월평균 사교육비는 월평균 소득 600만 원 미만인 모든 가구에서 2015년 대비 감소했는데, 월평균 소득 600만 원 이상~700만 원

미만인 가구에서는 1.2% 상승했고, 700만 원 이상 가구에서는 5.6% 증가한 것으로 나타났다. 또한 최상위 가구(700만 원 이상) 월평균 사교육비는 44.3만 원으로, 최하위 가구(100만 원 미만) 월평균 사교육비인 5.0만 원과 비교해 보면 그 격차가 2015년에 비해 6.4배에서 8.8배로 확대되었다. 소득수준에 따른 사교육비 지출 격차가 심화되고 있음을 보여주는 결과이다. 사교육 참여율을 비교해보면 최상위 가구(700만 원 이상)의 사교육 참여율은 81.9%로 나타났고, 최하위 가구(100만 원 미만)의 사교육 참여율은 30.0%로 나타나서 역시 큰 격차를 드러내고 있다.

정해진 미래에
대한 대응

학령인구 감소에 대한 능동적 대응

학령인구 감소는 양면성을 지닌다. 저출산으로 인한 급격한 학령인구 감소는 유치원에서부터 초등학교, 중학교, 고등학교를 거쳐 대학교에 심각한 위협을 줄 것으로 보인다. 특히 사립학교가 많은 비중을 차지하는 유치원과 대학은 더 심각한 위기에 직면하고 있다. 학교와 관련하여 직업생활을 영위하고 있는 교원과 직원들에게도 위협적인 요소라고 할 수 있다. 반면에 학령인구 감소는 긍정적인 기회로 작용할 수도 있는데, 특히 '교육의 질'이라는 관점에서 보면 오히려 희망이 될 수 있다. 지금까지는 학생 숫자가 많고 국가 지원은 한정되어 있었기 때문에 공급자 중심인 획일적 교육을 실시할 수밖에 없었다. 하지만 향후 학생 숫자가 크게 감소하기 때문에, 제4차 산업혁명으로 대표되는 미래에 필요한 개인 맞춤형으로 질 높은 교육을 제공하기가 더 수월해질 것이다.

특히 일본의 사례를 살펴보면, 저출산 현상이 고용의 질을 높이고 있다는 점에서 저출산기에 태어난 아이들에게는 더욱 희망이 될 수 있다. 교육을 통해 모든 아이들에게 기계가 할 수 없는 일을 담당할 역량을 길러주는 것이 현실적으로 가능해질 것이다. 우리 사회에도 인구절벽으로 인해 일본처럼 고급인력 부족 사태가 곧 몰아닥칠 것을 대비하기 위해서라도, 개인별 역량을 최대한 발휘할 수 있도록 맞춤형 교육으로 전환하는 것은 필수적인 과제이다. 모든 아이들이 본인의 소질과 적성에 맞게 꿈을 실현할 수 있는 교육 지원이 필요한 상황이다.

평생교육의 실질적 구현

2017년에 개최된 노벨 프라이즈 다이얼로그 서울에서 "인류의 기대수명이 110세를 향해 나아가고 있다."는 논의가 진행되었다. 또한 과학한림원서울포럼에 참석한 DNA 나노로봇 개발자 머킨 박사는 "과학기술의 힘으로 '인간 150세' 시대가 실현될 것이다."라고 밝힌 바 있다. 세계적인 IT 기업인 구글에서 설립한 자회사 Calico는 죽음 해결하기 프로젝트를 진행하고 있는데, 언론 보도를 통해서 '인간 500세 시대'에 도전한다고 밝히고 있다. 인간 수명의 연장은 그동안 생애주기에 맞추어 살아왔던 일상적인 삶의 방식이 전면적으로 변화해야 함을 시사한다.

고령화로 인해서 생애 주기가 변화하는 상황은 미래사회 교육이 학교교육에서 평생교육으로 초점이 전환될 것임을 시사한다. 향후 급격히 진행될 고령화 시대에 교육이 해야 할 역할은, 고령인구가 지속적인 자기관리를 통해 생존독립성과 생산성 및 생산의욕을 최대한 오랫동안 유지하도록 돕는 것이다(박남기, 2015). 의료보험비 지출을 낮추는 효과적인 방법이 궁극적으로는 국민 건강을 증진시키는 것이듯, 저출산과 고령화로 인해 야기되는 사회적 인구 구성 변화에 대응하는 가장 효과적인 방법은 평생교육 체제를 혁신적으로 지원하는 것이다. 우리나라 성인의 평생학습 참여율은 2007년 29.8%에서 2011년 32.4%로, 2015년 40.6%로 지속적으로 증가하는 추세이다(교육부, 한국교육개발원, 2016). 성인학습자의 계속교육 수요는 증대하리라고 예상됨에 따라, 교육은 학령기 학생 중심의 운영에서 벗어나 성인학습자에게 친화적인 체계를 마련하고 계속교육의 활성화를 도모해야 하는 상황이다. 평생교육을 통해 고령 인구의 근로의욕이 지속되도록 하고, 새로운 직업에 필요한 역량을 갖추도록 지원하는 것이다. 또한 은퇴한 뒤로도 행복한 삶을 영위할 수 있도록 지원하는 가장 효과적인 전략은 평생교육이라고 할 수 있다.

교육격차 해소를 위한 교육복지 강화

우리 사회에서 경제·사회 양극화 현상은 점점 심화되고 있고, 교육 분야의 양극화 문제는 심각한 수준에 이르고 있다. 20세기에는 교육을 통해 사회적 계층 이동이 가능하다는 국민적 공감대가 있었다. 이러한 현상을 잘 설명하는 표현이 '개천에서 용 난다'이다. 하지만 최근에는 개천에서 용이 사라졌다는 자조적인 표현들이 등장하고 있다. 최근 인터넷과 커뮤니티에서 사람들을 금수저와 흙수저로 나누는 '수저계급론'이 유행하고 있는데, 부모의 사회경제적 지위가 자녀에게 그대로 이어진다는 것을 의미한다. 이는 우리 사회에서 계층적 상향이동 가능성에 대한 비관적 인식이 확산되고 있음을 드러낸다. 이런 상황에서 제4차 산업혁명이라는 시대적 변화로 인해 대량 실업이 발생하면 부의 편중이 더욱 극심해지리라 예상하면서, 결국 '승자독식 사회(Winner-take-all society)'가 되리라는 비관론이 나오고 있다. 소수의 승자를 제외하고는 모두가 패자가 되는 사회가 된다는 것이다.

우리나라는 헌법에서 모든 국민이 능력에 따라 균등하게 교육받을 권리를 천명하고 있고, 이를 위해 국가는 부모의 사회경제적 지위에 따라 발생 가능한 교육격차를 최소화할 책무성이 있다. 교육격차를 최소화하기 위한 교육복지는 유아교육에서 시작하여, 초등학교의 방과 후 돌봄과 교육 지원, 중등학교에서의 사교육비 격차 해소, 대학에서의 학비 지원 등 생애 전 과정에 걸쳐 이루어져야 한다. 또한 대학졸업 후에도 직업능력 계발을 위한 지원이 지속적으로 이루어져야 한다. 교육이 경제·사회 양극화를 심화하는 악순환의 고리를 끊고, 교육이 국민의 희망이 될 수 있는 선순환의 구조를 만들어야 하는 상황이다.

PART 02

제4차 산업혁명과 미래 인재상

제4차 산업혁명(4th Industrial Revolution)이라는 용어는 2016년에 개최된 세계경제포럼(World Economy Forum)에서 포럼의 창립자이자 회장인 클라우스 슈밥(Klaus Schuwab)이 처음으로 쓴 표현이다. 지금까지 인류가 경험해보지 못한 사회적 변화를 그가 '제4차 산업혁명'이라고 언급하며 세계적인 이슈로 대두되었다.

제4차 산업혁명의 도래로 예상되는 사회적 변화는 교육 분야에 다양한 시사점을 주고 있다. 우선 미래사회의 변화를 예측하고 이에 맞는 미래 인재상과 핵심역량에 대한 논의가 필요하다. 미래사회의 인재상과 핵심역량에 대한 논의는 교육 시스템 설계에 방향을 제시할 수 있다는 점에서 중요하다. 또한 미래사회의 변화는 학교를 포함한 교육 시스템의 총체적 혁신을 요구하고 있다.

제4차
산업혁명의 도래

　제4차 산업혁명(4th Industrial Revolution)이라는 용어는 2016년에 개최된 세계경제포럼에서 포럼의 창립자이자 회장인 클라우스 슈밥(Klaus Schuwab)이 지금껏 인류가 경험해보지 못한 사회적 변화를 '제4차 산업혁명'으로 표현하면서 세계적인 이슈가 되었다. 제4차 산업혁명은 국가에 따라 달리 표현하고 있는데, 독일의 인더스트리 4.0(Industry 4.0), 미국의 산업 인터넷(Industrial Internet), 일본의 로봇 신전략(Robot Strategy)과 Society 5.0, 중국의 제조 2015 계획 등이 대표적인 사례이다(하원규, 최남희, 2015). 독일 등 선진국에서는 오래전부터 기술 진보와 관련하여 미래 사회에 대한 준비가 필요하다고 강조해왔으나, 우리나라에서는 2016년 알파고 사건으로 비로소 인공지능에 높은 관심을 갖게 되었고, 인공지능이 도래할 사회적 변화를 제4차 산업혁명이라는 용어로 표현하고 있다. 특히 우리나라에서 지능정보사회라고 지칭하고 있는 제4차 산업혁명은 이제 상상 속의 세상이 아니라 우리에게 닥친 현실이 되고 있다(김정욱, 박봉권, 노영우, 임성현, 2016).

　개별적으로 발달해왔던 각종 기술 사이에 '융합'이 이루어지면서 제4차 산업혁명은 종전의 산업혁명과 비교되지 않을 정도로 빠른 속도로 진행되고 있다. 무인자동차, 인공지능 로봇, 드론, 사물 인터넷, 3D 프린팅, 나노테크놀로지, 바이오테크놀로지 등 창의적인 기술의 산물이 하루가 다르게 세상을 바꾸고 있다. 박종현 외(2014)는 지능정보사회를 인공지능과 ICBM의 결합으로 정의하고 있는데, ICBM은 '사물인터넷(IoT: Internet of Things) 센서가 수집한 데이터를 클라우드(Cloud)에 저장하고 축적된 빅데이터(Big data)를 분석, 모바일 기기(Mobile)를 활용하여 맞춤형 서비스를 제공'하는 것을 의미한다.

18세기 증기기관의 발명으로 제1차 산업혁명이 시작된 이래, 19세기의 기술진보와 20세기 초 컨베이어 벨트의 등장, 표준화된 공정으로 촉발된 제2차 산업혁명은 대량생산 체제를 구축했다. 20세기 후반 컴퓨터와 인터넷의 발전으로 인한 제3차 산업혁명은 공장의 자동화 시스템을 구현했다. 이제 제4차 산업혁명은 제3차 산업혁명과는 질적으로 다른 기술적 진보와 사회 변화를 예고하고 있다.

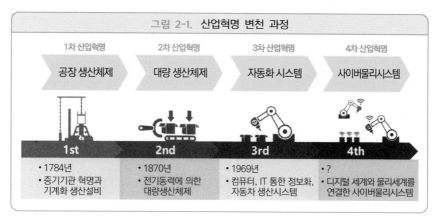

그림 2-1. 산업혁명 변천 과정

출처: 손병호, 김진하, 최동혁(2017).

슈밥(Schwab, 2016a; 2016b)은 제3차 산업혁명과 비교하여 제4차 산업혁명이 갖는 질적인 차이를 세 가지로 제시하고 있는데, 속도(velocity), 범위와 깊이(breadth and depth), 총체적 영향(systems impact)이라는 관점이다. 첫째, 속도 측면에서 보면, 제4차 산업혁명은 이전의 변화와는 다르게 기술이 기하급수적인 속도로 변화하고 있다는 것이다. 둘째, 범위와 깊이의 측면에서 보면, 부분적 기술의 진보를 넘어 다양한 기술이 융합되면서, 기술과 산업 분야에 국한된 변화가 아니라 경제, 경영, 사회 그리고 개인 수준에서도 패러다임 전환을 초래하고 있다는 점이다. 셋째, 총체적 영향의 관점에서 보면, 제4차 산업혁명은 생산이나 관리, 그리고 거버넌스 등 모든 체제에서 일어나고 있으며, 변화의 속성에서도 세계 모든 나라, 모든 산업 분야에 걸쳐 이루어지고 있다. 이러한 사회적 혁신은 기존의 선형적 변화(linear change)를 넘어서 파괴적 혁신(disruptive innovation)의 양상을 보일 것이라는 예측이다.

세계경제포럼의 지구촌의제위원회(Global Agenda Council)가 800명 이상의 ICT 전문가 및 경영자들을 대상으로, 2025년까지 일어나리라고 예상되는 변화의 특이 사항을 티핑 포인트(tipping points)로 명명하면서 이에 대해 조사를 실시했다. 이 조사 결과를 살펴보면, 채 10년이 남지 않은 미래 사회를 예상해볼 수 있다.

표 2-1. 2025년까지 예상되는 변화(tipping points)에 대한 인식

예상되는 변화 진술	긍정(%)
인류 10%가 인터넷 연결 기능을 지닌 의류를 입을 것이다.	91.2
인류 90%가 무상·무제한 인터넷 데이터 저장 공간을 갖게 될 것이다.	91.0
1조 개의 센서가 인터넷과 연결될 것이다.	89.2
미국에서 최초 로봇 약사(pharmacist)가 출현할 것이다.	86.5
독서용 안경(reading glasses)의 10%가 인터넷에 연결될 것이다.	85.5
인류 80%가 인터넷에 거처(digital presence)를 가질 것이다.	84.4
3D 프린터로 자동차가 처음 생산될 것이다.	84.1
인구조사를 빅데이터 분석으로 대체하는 정부가 출현할 것이다.	82.9
인체 이식 가능한 휴대전화가 처음 상업화 될 것이다.	81.7
소비 상품의 5%가 3D 프린터로 인쇄될 것이다.	81.1
인류 90%가 스마트폰을 사용할 것이다.	80.7
인류 90%가 정기적으로 인터넷에 접속할 것이다.	78.8
자율 주행차가 미국 전체 자동차의 10%에 이를 것이다.	78.2
3D 프린터로 제작한 간(liver)이 사람에게 이식될 것이다.	76.4
기업 회계감사의 30%가 AI에 의해 수행될 것이다.	75.4
세금 징수가 처음 블록체인(blockchain)을 통해 이루어질 것이다.	73.1
가정으로의 인터넷 트래픽 50% 이상이 가전제품에 관련될 것이다.	69.9
자가용보다 공유차량을 통한 이동이 세계적으로 더 많아질 것이다.	67.2
교통신호가 없는 50,000명 이상 인구 도시가 나타날 것이다.	63.7
세계 GDP의 10%가 블록체인 통화(blockchain technology)에 쌓일 것이다.	57.9
인공지능의 기업 임원이 처음 출현할 것이다.	45.2

출처: Schwab(2016a; 2016b), 강태중 외(2016)에서 재인용.

일자리
변화 전망

세계경제포럼에서는 미래 노동시장에 대해 증가하는 일자리 수보다 감소하는 일자리 수가 늘어나며, 특히 사무행정직의 감소비율이 높으리라 예측하고 있다. 세계경제포럼에서 발간한 미래고용보고서(The Future of Jobs)에서는 15개 국가 371개 경영진에 대한 설문을 기초로, 전 세계에서 710만 개의 일자리가 사라지고 200만 개의 일자리가 새로 생겨 총 510만 개의 일자리가 감소할 것이라고 전망했다.

그림 2-2. 직업군별 고용 전망(2015~2020)

-4,759	사무 및 행정	+492 비즈니스 및 재무
-1,609	제조 및 생산	+416 경영
-497	건설 및 추출	+405 컴퓨터 및 수학
-151	예술, 디자인, 엔터테인먼트, 스포츠 및 미디어	+339 건축 및 엔지니어링
-109	사무 및 행정	+303 영업 및 관련
-40	사무 및 행정	+66 교육 훈련

출처: World Economic Forum(2016), The Future of Jobs: Employment, Skills and Workforce Strategy for the Fourth Industrial Revolution.

특히 사무행정직군, 제조 및 생산 관련 직군, 건설 광업직에서 많은 직업이 기계에 의해 대체되리라고 예상했으며, 비즈니스 및 금융, 경영, 컴퓨터 및 수학, 건축 및 엔지니어링, 영업 및 관련직, 교육훈련 관련직에서 일자리 증가가 동시에 진행되리라 전망하고 있다.

　정보통신기술 전문가들은 앞으로 10년 이내에 사람들의 생활과 사회가 근본적으로 바뀔 것이라 내다보고 있다. 직업 맥락에서 보면, 제4차 산업혁명으로 인해 일자리가 혁신적으로 변화할 것이라 예상하고 있다. 이런 전망은 현재 존재하는 인간의 일자리 가운데 상당수가 '기계'에 빼앗겨 사라진다는 분석에 기초한다. Frey와 Osborne(2013)는 미국의 경우 앞으로 약 20년 이내에 47% 정도의 일자리가 인간의 것에서 기계의 것으로 바뀌어 사라질 위기에 있다고 예상했고, 미국에서 약 1억 3,800만 여개의 일자리를 포괄하는 702개 직업(또는 직업군)에 대해 각각 컴퓨터로 대체될 가능성을 분석해 제시했다.

표 2-2. 직업별 컴퓨터화 가능성 예측 결과

컴퓨터화 가능성 높은 직업	확률	컴퓨터화 가능성 낮은 직업	확률
텔레마케터	0.99	레크리에이션 테라피스트	0.0028
화물 업자	0.99	심리학자	0.0043
시계 수리공	0.99	초등학교 교사	0.0044
스포츠 경기 심판	0.98	치과 의사	0.0044
모델	0.98	무대·전시 디자이너	0.0055
계산 점원	0.97	컴퓨터 시스템 분석가	0.0065
전화 교환원	0.97	큐레이터	0.0068
사무실 사원	0.96	운동 트레이너	0.0071
자동차 엔지니어	0.96	고고학자, 인류학자	0.0077
카지노 딜러	0.96	중등학교 교사	0.0078
레스토랑 요리사	0.96	성직자	0.0081
자전거 수리공	0.94	간호사	0.009
웨이터, 웨이트리스	0.94	미생물학자	0.012
정육업자	0.93	세일즈 매니저	0.013

컴퓨터화 가능성 높은 직업	확률		컴퓨터화 가능성 낮은 직업	확률
소매업자	0.92		결혼 가족 상담사	0.014
보험 판매원	0.92		음악감독, 작곡가	0.015
차체 수리공	0.91		멀티미디어 아티스트, 애니메이터	0.015
실험실 기술원	0.90		홍보 관련 업무 종사자	0.015
제빵사	0.89		고위 경영자	0.015
버스기사	0.89		우주항공 엔지니어	0.017

출처: Schwab(2016a; 2016b), 강태중 외(2016)에서 재인용.

제4차 산업혁명은 로봇이나 컴퓨터에 의한 인간 노동의 대체가 양적인 일자리 변화를 가져오지만, 시스템 혁신이 중심이 되는 기업 부가가치 창출 기반의 변화 면에서는 취업 중심이던 기존 고용 패러다임의 질적인 변화로 이어질 가능성이 높다고 예상된다. 이와 함께 미래창조과학부(2017)는 직업 변화를 4가지 트렌드가 주도할 것이며, 인간의 역할 변화는 물론 기존 직업의 고부가 가치화, 직업의 세분화 및 전문화, 분할, 연결 과정을 통한 융합형 직업의 증가, 새로운 직업의 탄생을 예상했다.

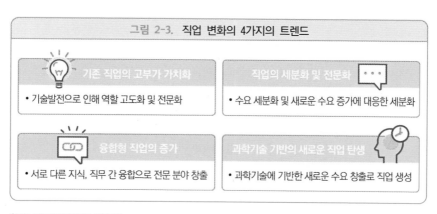

그림 2-3. 직업 변화의 4가지의 트렌드

기존 직업의 고부가 가치화
• 기술발전으로 인해 역할 고도화 및 전문화

직업의 세분화 및 전문화
• 수요 세분화 및 새로운 수요 증가에 대응한 세분화

융합형 직업의 증가
• 서로 다른 지식, 직무 간 융합으로 전문 분야 창출

과학기술 기반의 새로운 직업 탄생
• 과학기술에 기반한 새로운 수요 창출로 직업 생성

출처: 미래창조과학부(2017).

미래에는 인간의 노동이 고도화되고 이를 통해 기존 직업이 고부가 가치를 지니게 될 것이며, 기업은 특정 인간 전체를 고용하는 일자리(job)의 개념에서 세분화된 특정 일자리에 대한 서비스만을 계약하는 시대로 노동 형태가 변화될 가능성이 높아지리라 예상된다(홍성민, 2017). 또한 초연결 사회가 도래하면서 다양한 직업의 지식과 업무의 연결 과정을 통해 융합형 직업이 나타나고, 과학기술 등을 기반으로 한 직업들이 새롭게 출현할 것이라 예상된다.

제4차 산업혁명으로 인해 사라지는 직업이 있는 반면에 새롭게 부각될 직업도 있을 것이다. 인공지능 기술이 발달함에 따라 각 분야에서 새로운 시장과 일자리가 늘어나리라 예상된다. 교육 분야에서는 각 학생에게 맞춤형으로 교육 콘텐츠를 제공하는 인공지능 기술의 적용 분야가 새롭게 부각될 것이다. 또한, 대학 교육에서도 학생들의 학술적 지원, 생활 상담 등에 활용될 수 있는 인공지능 시스템 활용이 확대될 것으로 보인다.

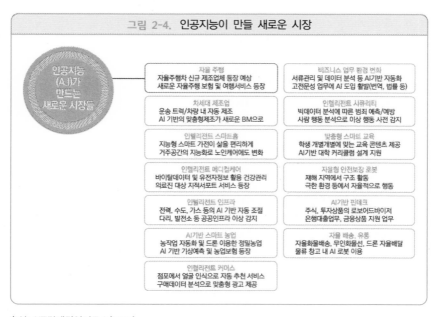

그림 2-4. 인공지능이 만들 새로운 시장

출처: KT경제경영연구소(2016).

디지털 시대와 4차 산업혁명에
대비한 교육의 시대

세계경제포럼 조사에 따르면, 미래 직업세계에 가장 요구되는 역량은 복잡한 문제해결능력이며, 현재 직업인들이 보유한 역량에서 가장 많이 개발해야 하는 역량은 인지능력이다. 2020년 전체 일자리의 3분의 1 이상(36%)에서 복잡한 문제해결능력이 요구되리라고 보았다. 이어서 사회적 역량(19%), 사고 과정 역량(18%), 기술적 역량(12%), 인지능력(15%)이 요구된다고 조사되었다.

특히, 현재 직업이 보유한 역량 기준 수요변화에 대해서는 인지능력(창의력, 논리적 추론 및 문제 민감성 등)은 2020년 52%의 수요 증가가 있을 것이라 예측되어, 가장 증가폭이 큰 능력으로 예측되었다. 이어서 시스템 역량(판단과 의사결정, 시스템 분석)은 42% 증가하는 것으로 나타났고, 복잡한 문제해결능력은 40% 증가되며, 신체능력은 31%로 가장 낮은 것으로 나타났다.

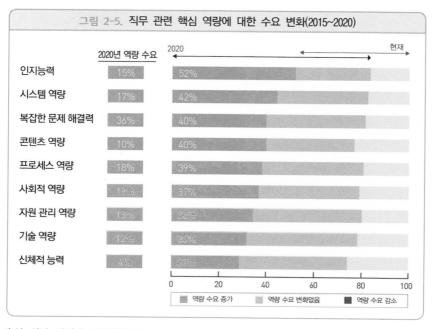

그림 2-5. 직무 관련 핵심 역량에 대한 수요 변화(2015~2020)

출처: 임언, 안재영, 권희경(2017).

제4차 산업혁명에
대비한 인재상

    미래 사회의 변화가 예상되는 만큼, 사회적으로 요구되는 인재상 역시 달라지고 있다. 이러한 인재상의 변화에 따라 교육의 목표와 내용도 다시 설정되어야 한다. 한국 사회의 변화에 효과적으로 대처하려면 우리 교육이 길러야 할 인재의 종류는 달라질 필요가 있다. 인재상과 필요 역량에 관해 국내외에서 다양한 연구가 실행된 바 있다. 특히 미래 교육의 방향에 관한 연구들은 아래와 같이 미래에 요구되는 새로운 종류의 역량에 초점을 맞추어 실행된 바 있다. 이중에서 OECD, P21, ATC21S, 정범모, 그리고 한국교육개발원에서 제시한 역량을 요약해 제시하면 다음과 같다.

표 2-3. 미래에 요구되는 역량

Organization for Economic Cooperation and Development (OECD), 2003	• 개인 역량: ① 큰 맥락에서 행동 ② 인생 계획과 과업을 구상 및 실행 ③ 자신의 권리·관심·한계·필요를 옹호하고 주장 • 대인 역량: ① 타인과 관계를 잘함 ② 협동 ③ 갈등 관리 • 기술 역량: ① 언어·상징·텍스트를 상호적으로 활용 ② 지식과 정보를 상호적으로 활용 ③ 새로운 기술 활용
Partnership for 21st Century Skills (P21), 2009	• 7개 역량 ① 비판적 사고와 문제 해결력 ② 대화 및 정보매체 활용 ③ 협력, 팀워크 및 리더십 ④ 창의력과 혁신 ⑤ 컴퓨터와 인터넷 활용 ⑥ 진로와 학습 관리 ⑦ 범문화적 이해
Assessment and Teaching for 21st Century Skills (국제평가개혁연구단체; ATC21S), 2012	• 4개군 10개 역량 • 사고력: ① 창의력 ② 비판적 사고 ③ 문제해결력, 의사결정력 및 학습력 • 업무능력: ④ 대화능력 ⑤ 협동력 • 기술사용: ⑥ 정보통신 활용력 ⑦ 정보통신 문해력 • 사회와 삶 관련: ⑧ 시민성 ⑨ 인생 및 진로 진행력 ⑩ 개인적 및 사회적 책임감
정범모, 「내일의 한국인」, 2011	• 8가지 유형의 미래 한국인: 전인, 공인, 생산인, 자율인, 내재가치, 역사적 현재, 보편과 특수, 자연과의 조화

스마트 세대의 교육비전, KEDI, 2011	• Global & Local: 글로벌과 국가(지역)의식 • Perpetual & Contextual: 영속적이고 맥락적인 역량 • Leadership & Followership: 리더와 팔로워로서의 역량 • Innovative & Inclusive: 혁신적이고 포용적인 역량
국가별 역량 설정	• 뉴질랜드: 사고하기, 언어·상징·텍스트 활용, 자기관리, 타인과 관계 맺기, 참여와 공헌 • 캐나다 퀘백 주: 인지적 역량(정보활용력, 문제해결력, 비판적 판단력, 창의력), 방법론적 역량(효과적인 방법의 활용, 정보통신기술의 활용), 개인적·사회적 역량(자아정체성 형성, 타인과의 협동), 의사소통 관련 역량(적절한 의사소통 능력) • 대만: 자기이해와 잠재 능력의 추구, 감상과 표현, 창의력, 진로개발과 평생학습, 의사표현, 소통과 공유, 존중, 배려, 팀 작업, 문화적 소양과 국제이해, 기획, 조직, 실천, 정보기술의 활용, 적극적 탐구와 공부, 독립적 사고와 문제해결 • 한국: 한국교육과정평가원, 한국교육개발원 및 학술지 논문 다수

출처: 정제영, 강태훈, 김갑성, 류성창, 윤홍주(2013).

　미래 인재에게 요구되는 역량 또는 21세기에 요구되는 역량에 대하여 21세기 역량연구회(www.21stcenturyskills.org)에서는, 학생들이 21세기의 성공적인 일(직업)과 삶을 위해 학습해 산출해내야 하는 산물로 ① 기능(skill)뿐만 아니라 ② 지식(knowledge), ③ 전문능력(expertise)까지 포함하고 있다. 최근에는 창의성(creativity)과 비판적 사고(critical thinking), 의사소통(communication), 협력성(collaboration)이 강조되며, 흔히 4C로 일컫기도 한다. 여기에 추가적으로 다문화(cross-culture) 문해, 컴퓨터(computing) 문해, 직업(career) 문해를 더해 7C를 핵심역량으로 보는 견해도 있다.

　싱가포르 교육부에서는 '변화하는 시대의 시민상·학생상과 역량'을 다음과 같이 제시하고 있다. 싱가포르에서는 ① 21세기에 역량을 갖춘 시민상·학생상을 먼저 제시하고 이에 필요한 ② 핵심가치(core value)를 제시하며, 이 가치를 바탕으로 ③ 사회정서적 역량과 ④ 21세기 역량을 동심원으로 표현하여 종합적으로 제시하고 이를 달성하기 위해 노력하고 있다(주삼환, 2016).

　싱가포르 교육을 통해서 산출되기를 바라는 학생상이자 궁극적으로 추구하고자 하는 시민상은, 확신에 찬 자신감 있는 사람, 자기주도적 학습자, 적극적 기여자, 책임 있는 싱가포르 시민으로 제시되고 있다. 이는 싱가포르 교육부가 '기대하는 교육 결과(Desired Outcome of Education)'로서 자아의식과 건전한 도덕심과 미래의 도전에 필요한 기능과 지식을 갖춘 사람을 기르고자 하는 것이다.

이를 구체적으로 살펴보면, 확신에 찬 자신감이 있는 사람(a confident person)은 옳고 그름을 분명하게 판단하며 적응력과 탄력성이 있고, 자기 자신을 알고, 정의를 분별할 줄 알고, 독립적·비판적으로 사고하고 효과적으로 의사소통 할 수 있는 사람을 의미한다. 자기주도적 학습자(a self-directed learner)는 자신의 학습을 위하여 질문하고, 반성하고, 인내하고, 책임을 지는 사람을 의미한다. 적극적 기여자(an active contributor)는 팀 속에서 효과적으로 함께 일할 수 있고, 혁신적이고, 세심하게 계산된 모험을 감행하고, 우수성을 추구하기 위하여 노력하는 사람을 의미한다. 책임 있는 싱가포르 시민(a concerned citizen)은 싱가포르에 뿌리를 박고 강한 시민 책임감을 갖고, 싱가포르와 세계에 대하여 잘 알고, 자기 주위의 다른 사람의 삶을 보다 윤택하게 하기 위해 적극 참여하는 사람을 의미한다.

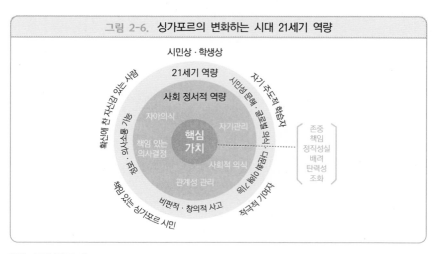

그림 2-6. 싱가포르의 변화하는 시대 21세기 역량

출처: 주삼환(2016).

디지털 시대와 4차 산업혁명에
대비한 교육의 시대

정제영 외(2013)는 '미래 인재상' 관련 선행연구의 내용을 종합적으로 정리하면서, 역량 중심의 미래 인재상 도출의 타당성이 인정된다는 점과 미래 인재에게 요구되는 역량의 종류 및 개수의 도출에 있어서 현실적 적용 가능성을 깊이 반영해야 한다는 점을 강조했다. 기존 문헌에서 제안하는 빈도가 가장 높은 10개 역량에 대해 3차례의 델파이 조사를 실시하고 군집분석을 실시하여, 5개의 미래 핵심역량(five essential skills)을 중심으로 미래 인재상을 정립한 바 있다.

이 연구에서는 미래 인재의 5대 역량을 포함하는 미래 인재상을 종합적으로 "현실적인 한계상황이나 문제를 주도적으로 발견하고 창의혁신적인 안목으로 인내심 있게 해결할 수 있는 인재, 그리고 타인과의 협력이 필요한 상황에서는 타인과의 관계를 효과적으로 관리하여 사회시민으로서 큰 안목에 따라 설득과 타협으로 해결할 수 있는 인재"라고 표현해 제시했다.

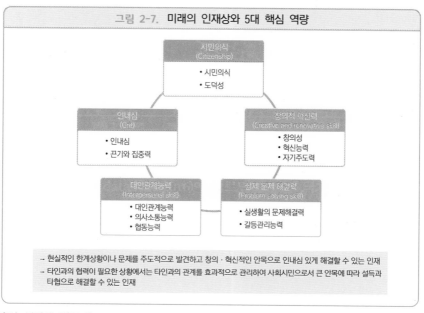

그림 2-7. 미래의 인재상과 5대 핵심 역량

출처: 정제영 외(2013).

특히 정제영 외(2013)는 '창의적 혁신력(Creative and renovative skill)'을 강조하는데, 창의적 혁신력에 포함되는 역량은 창의성, 혁신능력, 자기주도성으로 구분해볼 수 있다. 창의성은 기존의 방식이나 모든 사람이 당연시하는 관행의 합리적인 수준에서 벗어나 새롭고 독창적인 방식을 추구할 수 있는 역량이다. 따라서 자기주도적인 태도 없이 창의적 혁신력이 발휘될 수 없다는 점을 감안하면, 창의성을 강조하는 교육은 그 과정에서 자기주도적인 태도를 기르는 효과를 가져올 것이라 기대할 수 있다(정제영 외, 2013). 4차 산업사회가 도래하면서, 여러 분야의 융합을 위해서는 기존 지식에서 독창적인 생각을 끌어내는 능력인 창의성이 무엇보다도 중요하다는 것이다.

디지털 시대와 4차 산업혁명에
대비한 교육의 시대

- 근대식 학교교육의 성과
- 공장형 학교교육의 문제점
- 우리나라의 교육개혁사: 부분 최적화 개선의 한계

PART 03

근대식 교육
패러다임의 한계

현재의 교육 패러다임은 많은 사람들이 불만을 토로하고 있는데도 균형을 유지하고 있으며, 우리 사회 전반적인 시스템과 유기적인 연계를 형성하고 있다. 개인들이 성취하는 학교교육의 결과는 사회적으로 인정받고 있으며 그 결과가 개인의 삶에 큰 영향을 미치고 있다.

하지만 미래 사회의 변화는 이러한 균형에 상당한 위협적인 요인으로 영향을 미치고 있으며, 이러한 균형이 깨지는 상황은 패러다임 변화에 비유할 수 있을 정도이다. 그러한 변화는 이제 외면하지 못하는 수준이며, 긴급히 예상하고 대비해야 하는 상황에 이르고 있다.

근대식
학교교육의 성과

  현재의 학교 시스템은 근대화의 시작과 함께 탄생했다. 모든 국민을 대상으로 교육을 제공하는 공교육 시스템(public educational system)이 도입된 때는 19세기 말이다. 모든 국민에게 동일한 학교교육을 제공하는 제도를 '단선형(單線型) 학제(single ladder school system)'라고 하는데, 단선형 학제는 제1차 세계대전을 계기로 크게 진전한 유럽의 '통일학교 운동'의 결과이다. 통일학교 운동은 모든 국민에게 교육의 기회를 균등하게 제공하기 위한 제도이다. 영국에서 현행 6·4제를 골자로 하는 1944년에 교육법을 제정한 것과, 프랑스에서 의무교육을 10년으로 하며 5년의 초등학교 위에 중등학교를 두는 교육개혁을 1959년에 이뤄낸 것 모두 통일학교 운동의 이념을 반영한 것이다.

  우리나라에서 근대식 학교제도가 전면적으로 도입된 때는 해방 이후이다. 해방 이후 우리나라의 근대화 과정에서 학교교육은 경제·사회 발전에 큰 기여를 해왔으며, 특히, 경제성장을 통해 선진국 대열에 진입한 것은 교육의 영향이라고 평가받고 있다(이종재, 김성열, 돈 애덤스, 2010). 우리나라의 경제성장과 교육의 관계를 분석한 결과에 따르면, 국민의 평균 교육년수와 1인당 GDP의 상관관계는 .931에 이르는 높은 정적상관을 보이는 것으로 나타났다(정제영, 2016). 천연자원이 부족한 우리나라의 상황에서 교육이 우리나라 경제발전 과정에 중요한 역할을 수행했음을 보여주는 결과이다. 짧은 시간에 이뤄낸 우리나라 학교교육의 성과는 세계적으로 인정받고 있다. 「대한민국헌법」 제31조 제1항에 따라 '모든 국민은 능력에 따라 균등하게 교육을 받을 권리를 가진다'라는 민주주의 교육의 이념을 학교제도를 통해 구현했다. 또한, 「대한민국헌법」 제31조의 내용에 따라 초등학교 6년과 중학교 3년간의 교육을 의무교육으로 설정하고 이를 무상으로 제공하도록 제도화했다.

우리나라에서 학교교육 기회의 확대 과정은 매우 빠르게 진행되었다. 초등학교는 1957년, 중학교는 1979년, 고등학교는 1985년에 취학률이 90%를 넘으면서 보편화 단계에 진입했다. 대학 진학률도 빠르게 높아져 1995년에 50%를 넘어 보편화되었다고 할 수 있다(이종재 외, 2010). 학교교육의 결과적 측면에서 살펴보면, 국제기구에서 실시하고 있는 PISA나 TIMSS 등의 국제학업성취도 평가 결과에서 한국 학생들이 지속적으로 세계 최고 수준을 유지하고 있다. 이러한 학업성취도 평가 결과는 이미 세계적으로 알려져 있으며, 일부 국가에서는 우리나라를 벤치마킹 대상으로 삼고 있을 정도이다.

하지만 근대식 학교제도에 대한 문제 제기는 지속적으로 이루어져 왔다. 20세기 이후 세계적으로 제기된 학교교육의 문제에서 우리나라도 예외라고 할 수 없다. 미국에서 연구된 Coleman(1966)의 보고서는 학교교육의 효과에 대해 근본적인 의문을 제기했다. 학생의 학업성취에 가장 큰 영향을 미치는 요인은 학생의 가정배경이며, 학교의 물리적 환경이나 교사의 질과 같은 학교 내 요인이 미치는 영향은 미미하다고 분석한 것이다. Jencks 외(1972)는 Coleman의 연구 결과를 뒷받침했다. 학생의 학업성취도에는 가정배경, 인지능력, 인종, 학교의 질 순으로 영향을 미치는데, 학교의 질은 약 2%의 영향을 미친다고 주장해 학교의 영향력을 낮게 평가했다. 이러한 연구 결과는 실제 학교의 교육적 효과에 대해 깊이 있는 연구를 진행하게 된 계기가 되었다.

학교교육에 대해 보다 비판적인 관점에서는 학교의 순기능보다 역기능이 더 많다는 점을 부각시키고 있다. Illich(1970)와 Reimer(1971)는 학교교육이 학습자의 '자아실현'을 우선적으로 고려하기보다 사회통제 수단으로 전락했다고 비판했다. Bowles와 Gintis(1976; 1986)는 학교가 자본주의의 불평등한 사회구조를 재생산하고 있다고 비판하면서 학교의 역기능이 크다는 점을 강조했다. 교육과정사회학과 문화재생산 이론에서는 학교의 교육내용과 운영 과정에서 사회적 지위가 낮은 계층의 학생은 학업성취가 낮을 수밖에 없다고 주장하면서, 학교 교육과정의 역기능을 크게 부각했다(Bernstein, 1977; Bourdieu, 1973).

1970년대 이후에는 학교교육의 효과에 대해 신자유주의적인 비판이 거세게 제기되었는데, 특히 공교육의 질적 수준과 성과관리 문제가 집중 부각되었다(Giroux, 1983). 미국에서 1970년대 이후에 시작된 효과적인 학교 연구(effective school research)들은 학교교육의 결과라고 할 학생들의 학습효과에 대한 근본 문제를 제기했다. 1983년에 발표된 'A Nation at Risk' 보고서에서는, 미국에서 국가의 목적의식이 상실되고 경제가 쇠퇴하게 된 이유가 공교육의 부실 탓이라고 진단했다. 그에 따라 학교교육의 위기를 극복하고 교육의 질을 높이려는 방안으로 '강력한 리더십, 학생의 학업성취에 대한 관리, 교육을 위한 다양한 자원의 활용 등'을 제안했다(Edmonds, 1979).

1980년대 이후에도 학교의 문제들에 대한 해결을 위해 효과적인 학교 연구가 계속되었는데, Creemers(1996)는 이 시기의 연구의 주요 내용을 '학교 단위 책임경영, 리더십, 교직원의 전문성 계발과 협업, 목표의 설정과 공유, 학업성취에 대한 인정 등'으로 요약했다. 1990년대 이후에는 학교교육의 성과를 높이기 위한 효과적인 전략으로 '자율성(autonomy)과 책무성(accountability)'을 강조했다. 학교교육의 성과를 학생의 학업성취도로 설정하여 이를 높이기 위해, 운영 자율성을 최대한 존중하되 결과에 대한 책무성을 강하게 요구한 것이다(Laitsch, 2006; Peterson & West, 2003). 학업성취도에 기반을 둔 책무성 평가는 찬반 논쟁에도 불구하고, 다양한 학교교육의 문제를 해결할 효과적인 기제로 활용되고 있다(Kornhaber, 2004; Linn, 1998).

우리나라에서는 1995년 5월 31일에 발표된 '신교육체제 수립을 위한 교육개혁' 이후 학교교육을 개선하기 위한 다양한 정책들이 추진되었다. 특히, 2000년 전후에는 '교실붕괴', '학교붕괴' 등의 용어가 등장하면서 학교교육의 위기에 대한 심도 있는 연구들이 진행되고, 학교교육 내실화를 위한 개선 방안들이 제시되고 추진되어왔다(윤정일, 김계현, 한승희, 윤여각, 우마코시 도루, 2001; 윤철경, 이인규, 박창남, 1999; 이종재, 정제영, 2003). 교육부를 중심으로 하는 정부주도의 교육개혁이 계속 추진되었지만, 우리 나라의 교육문제를 근본적으로 해결하는 데 이르지 못하고 있다는 평가가 지배적이다(정제영, 2016).

공장형
학교교육의 문제점

현재의 학교 시스템은 구조적인 정합성을 갖추고 많은 성과를 거둬왔지만, 다시 한 번 비판적으로 살펴볼 필요가 있다. 학교제도의 경직성, 국가교육과정의 획일성, 상대평가와 학생 간 치열한 경쟁체제 등을 중심으로 현재 교육 패러다임의 문제를 분석해보고자 한다.

우리나라의 학교교육 시스템은 역사적으로 여러 측면에서 효율성을 매우 강조해왔다고 볼 수 있다. 대표적으로 투입 요인으로서 학교제도를 살펴보면 전국이 '6 - 3 - 3 - 4제'의 동일한 수업 연한으로 운영하고 있으며, 교육정책, 교육재정, 교육여건 등은 전국이 거의 동일하게 운영되고 있다. 특히, 우리나라의 교원은 세계적으로 전문성 수준이 높은 자격 수준을 유지하고 있다. 전환과정을 살펴보면, 국가교육과정은 높은 수준으로 전국에 동일하게 적용되고, 학교교육의 평가 기준과 방식도 동일하며, 학교의 성과를 기록하는 학교생활기록부 양식과 기재 방식도 표준화되어 운영하고 있다. 산출 측면에서는 지역별로 차이가 있지만 그 편차는 크지 않은 수준이다.

그런데도 산업화 시대의 유산인 학교는 여러 측면에서 한계를 드러낸다. 가장 중요한 특징은 학습자의 상황이 고려되기 어려운 교육제도의 획일성과 경직성이다. 이러한 특징으로 인해 학교교육의 가장 중요한 과정인 교수 - 학습 활동이 제대로 이루어지지 않는 문제가 발생하고 있다. 결과적으로 상당히 높은 비율의 학생들이 학교교육을 통해 학습을 제대로 하지 못하고 사교육에 의존하거나, 학업을 포기하는 현상이 발생하고 있다. 이러한 학교교육의 하위 시스템의 문제에 대해 구체적으로 살펴보고자 한다.

학교제도의 경직성

우리나라의 현행 학제는 교육법령에 근거하여 학교 단계를 초등학교, 중학교, 고등학교, 대학교로 나누어 '6 - 3 - 3 - 4'제로 운영하고 있다. 우리나라의 모든 지역에서 동일한 학제를 운영하고 있는데, 효율성 면에서는 장점을 갖고 있지만 제도의 경직성으로 인한 문제가 상당히 존재한다. 우리나라 국민이라면 누구나 만 6세에 초등학교에 입학해야 하고, 초등학교에 입학한 지 6년이 지나면 초등학교를 졸업하고 중학교에 입학해야 한다. 또 중학교에 입학한 지 3년이 지나면 고등학교에 입학한다. 초등학교 과정을 덜 배웠다고 해서 초등학교를 7년 동안 다닌다거나, 초등학교 교육과정을 모두 학습했다고 해서 5년 만에 중학교에 입학할 수 있는 유연성은 거의 없다.

우리나라의 학교는 학생의 학습 수준, 학습 속도, 학습 필요, 문화적 차이 등을 반영하지 않고 경직되고 고정된 방식으로 운영된다. 따라서 학교에서 제공하는 내용과 수준과 속도에 일치하지 않는 학생들은, 더 빠르게 가는 학생도 더디 가는 학생도 모두 소외될 수밖에 없다(최상근, 박효정, 서근원, 김성봉, 2004). 결과적으로 학교제도를 너무 획일적으로 경직되게 운영함으로써 다양한 측면에서 비교육적 결과가 발생하고 있다(김영철, 임천순, 반상진, 오현석, 신준섭, 2004). 학생들은 각자 모두 다른데 학교에서는 예외가 인정되지 않는 교육이 이루어지고 있는 것이다.

표준화된 교육과정의 획일성

학교제도의 경직성을 더욱 고착시키는 제도는 바로 국가교육과정이다. 학교에 처음 입학하는 초등학교 1학년부터 학생 간 학습 수준과 속도에서 차이가 나지만, 이를 반영하지 않은 국가수준의 단일한 교육과정이 운영되고 있다. 획일적인 교육과정은 수업시수, 과목별 단위 수의 형태로 구성된다. 학습의 양과 시간이 표준화되어 있다는 것은 결과적으로 학습자 개인별 차이를 고려하지 않고 있다는 의미이다. 허경철(2001)은 국가

교육과정의 성격이 보다 유연하게 변화되어야 함을 강조하면서, 현행 국가교육과정이 학교에서 가르쳐야 할 교과목의 종류와 시간을 획일적으로 결정하는 부분에 대해 비판했다.

학교에 입학할 시점에서의 개인별 학력 수준 차이는 표준화된 교육과정을 통해 학년이 올라가면서 그 격차가 더 커지게 된다. 한 번 학습 결손이 발생하면 계속 누적되어 극복하기가 매우 어렵다. 양정호, 서정화, 김영철과 백순근(2008)은 학력격차 해소를 위한 학습부진 책임지도 정책에 대한 연구를 통해, 학교급이 높아질수록 평균적인 학력성취 수준이 낮아짐을 확인했다. 조지민, 김명화, 최인봉, 송미영과 김수진(2007)은 학교급이 높아질수록 기초학력이 미달하는 학생의 비율이 높아지고 개인의 학습부진이 누적되고 있다고 분석했다. 김경근, 성열관과 김정숙(2007)은 학력 부진 학생의 특징과 학력 부진 학생들이 생기는 원인에 대해 면담법 등을 통한 질적 연구를 시도했는데, 교육과정의 평균적인 난이도가 높기 때문에 학력 부진 학생들의 학력이 더욱 낮아지고 있다고 분석했다. 표준화된 교육과정의 운영으로 인해 수업 내용에 대한 흥미를 잃게 되고, 결과적으로 잠자는 교실의 문제나 일반고의 위기 현상 등이 나타나는 상황이다.

무한 경쟁을 유발하는 상대평가

강력하고 뚜렷하게 서열화된 대학에 입학하는 것을 정점으로 하여, 우리나라의 모든 고등학교에서 상대평가 제도를 시행하고 있다. 상대평가는 학생들의 성취수준을 서열에 따라 등급으로 나누어 평정을 하는 식으로, 현행 9등급제에서는 서열이 상위 4%에 해당하는 학생들만이 1등급을 받을 수 있다. 모든 학교에서 일정 비율의 학생들은 학습의 과정에서 실패한 것으로 평가받고 있다. 실제 학생들의 역량을 파악하는 데 상대평가의 결과인 등급이 나타내는 정보는 피평가 집단에서의 서열 이외에는 거의 없다. 해당 학생이 수학 교과에서 세부적으로 어떠한 특성을 갖고 있으며 어떤 부분에서 장단점이 있는지에 대한 정보를 제공하지 못하는 것이다.

성의철과 양혁승(2015)은 절대평가 대비 강제배분 상대평가 방식이 피평가자의 외재적 동기에 미치는 효과를 분석한 결과, 강제배분 상대평가 방식이 절대평가 방식에 비해 외재적 동기에 긍정적 영향을 미치는 반면, 기대공정성, 지각된 통제감, 기대결과치 모두에 부정적 영향을 미치는 것으로 나타났다. 그리고 강제배분 상대평가 방식이 외재적 동기에 미치는 정적인 직접 효과는 기대공정성, 지각된 통제감, 기대결과치를 통한 부정적 간접효과로 인해 일정 수준 억제되는 것으로 나타났다. 김성일, 윤미선과 소연희(2008)는 흥미와 내재동기에 대한 이론과 경험적 연구를 바탕으로 국제비교에서 우리나라 학생들이 상대적으로 낮은 학업 흥미를 보이는 주된 이유를 통제적인 학습환경, 경쟁으로 인한 불안 및 스트레스와 함께 빈번한 상대평가에서 오는 유능감의 박탈 등으로 파악했다. 상대평가는 결과적으로 일정한 비율로 학습에 실패한 학생들을 만들어내기 때문에, 학교교육에서 실패하여 좌절하는 학생이 생길 수밖에 없기 때문이다.

표준화된 교육과정 운영과 연결된 내신 평가는 학년별 평가로서 동일 과목에 대해서는 가르치는 교사의 구분 없이 동일한 평가를 실시하고 있다. 수준별 반편성이 이루어지는 학교에서도 대부분 평가 문항은 동일하게 시행된다. 학생에 대해 많은 정보를 가지고 있는 교사에게는 거의 평가권이 주어지지 않고, 정답을 정확하게 응답해야 하는 선택형이나 단답형 위주로 문항이 구성되는 경우가 대부분이다. 평가가 획일적으로 이루어지면 교사의 수업도 획일적으로 이루어져야 하는 악순환이 발생한다. 결과적으로 토론과 상호작용이 활발한 교실 수업보다는 진도에 따라 지식을 정확하게 전달하는 수업으로 변질될 가능성이 높아지고, 학생 개인에 대한 수시평가나 형성평가의 적용 가능성이 낮아질 수밖에 없다.

고부담의 상대평가는 학업성취도가 낮은 학생뿐만 아니라 높은 학생들에게도 비교육적인 사교육을 유발하고 있다. 학업성취 목표를 달성하기 위한 목적의 사교육이 아니라 다른 학생과의 경쟁에서 이기기 위한 사교육이 발생하고 있으며, 이러한 사교육은 모두가 그만두지 않으면 지속될 수밖에 없는 것으로, 즉 경제학적으로 위치재(位置財)의 성격을 지닌다. 특히, 학업성취도가 높은 학생들의 경우 대학입학이라는 인생 최대의 고부담 평가에서 상대적으로 높은 점수를 얻고자 정해진 교육내용의 문제를 빠르고 정확하게 해결하기 위해 무한 반복적인 학습을 하며, 이를 위해 어릴 때부터 학교 교육과정과 무관하게 사교육까지 받고 있는 상황이다.

우리나라의 교육개혁사:
부분 최적화 개선의 한계

　근대식 학교제도는 상당히 효율적인 시스템을 통해 산업사회의 인력을 양성해내는 성과를 이루어왔다. 특히 해방 이후 우리나라는 근대화 과정에서 세계가 주목할 만큼 빠른 속도로 교육의 양적 성장을 이룩했다. 많은 학생들을 효율적으로 가르치기 위한 교육제도인 학교 시스템은 제2차 산업혁명의 대량생산 시스템(mass production system)과 닮은 대량교육 시스템(mass education system)이라 할 수 있다. 하지만 제2차 산업혁명의 산물인 표준화, 전문화와 관료제적 관리, 컨베이어 벨트를 통한 분업 등의 방식이 그대로 담긴 학교제도는 여러 문제를 노정해왔다(정제영, 2016).

　학생들은 제각기 고유한 소질과 적성을 갖고 있으며 다양한 경험에 의해 학습 결과가 체화되어 있는데도, 학교제도는 이러한 다양성을 존중하지 못하고 있다. 학년제(school ladder system)의 기본 운영 방식은 공장의 컨베이어 벨트와 같은 원리라고 할 수 있는데, 실제 운영과정에서 개별 학생의 학습 성과에 대한 관리가 이루어지지 못하고 있다. 국가교육과정은 학년제와 연계되어 운영되는데, 학년별로 학습해야 할 내용의 분량은 표준화되어 있으며 학생들의 학습과 무관하게 진도라는 형태로 수업이 진행되고 있다. 평가는 교육적 성장의 목적보다는 사회적 선별(screening)이라는 목적이 더 앞서며, 그 대표적인 형태가 집단 내 서열을 매기는 상대평가 방식이다. 학교의 시설과 구조는 학습자의 자유로운 학습을 위한 기능보다는 효율적인 관리 위주로 설계되어 있으며, 전국적으로 거의 동일한 구조를 갖추고 있다.

학교를 중심으로 하는 교육제도를 개선하려는 노력은 세계적으로 지속되어왔다. 하지만 이러한 교육개혁의 시도를 Tyack & Cuban(1995)은 '유토피아를 향한 어설픈 땜질(tinkering toward utopia)'이라고 표현한 바 있다. 우리나라에서도 수많은 교육개혁이 이루어져왔으나 학교교육의 근본 문제를 해결하지는 못했다.

우리나라에서는 학교교육을 개선하기 위한 노력을 다음과 같이 지속적으로 추진해왔다. 1945년 해방 이후 우리나라의 학교교육은 거의 새로운 시작에 가까운 수준이었다. 1948년 당시 13세 이상 인구 1,500만 명 중에서 초등학교 이상 학력 소지자는 12.6%에 불과하였고, 문맹자는 53%에 이르렀다. 학교교육의 입학과 졸업의 기회를 확대하는 것이 당시에는 가장 큰 교육적 과제였다(이종재 외, 2010). 이후 교육의 질적인 성장을 위한 정책들을 꾸준히 지속해왔는데, 특히 1995년 5·31 교육개혁 이후의 교육정책들은 학습 성과를 높이기 위한 목표를 설정하고 노력했다는 점에서 매우 큰 의미를 지닌다. 하지만 이러한 교육개혁의 노력들이 목표한 성과를 거두지 못한 데 대해서는 평가와 반성이 필요하다.

교육개혁이 성공을 거두지 못한 가장 큰 원인은 학교교육의 개선을 위한 시스템적 사고가 부족했기 때문이다. 정제영(2016)은 우리나라 교육개혁의 실패 원인을 "부분 최적화 전략의 한계"로 지적했다. 학교 시스템은 하위 시스템 사이에 유기적인 연계를 갖고 있는데, 이러한 시스템 간 연계를 고려하지 않고 하위 시스템별로 최적화하려고 시도하는 것은 결과적으로 전체 학교 시스템에 긍정적인 변화를 가져오기 어렵다는 의미이다.

우리나라는 중앙집권적인 국가교육과정을 운영하고 있어서 모든 학교에 적용되고 있다. 국가교육과정은 주기적으로 바꾸어오다가 최근에는 수시개정 체제로 변화되어 있다. 좀 더 자율적이고 다양한 교육과정의 운영을 위해 국가교육과정을 개정해 왔는데 결과적으로 살펴보면 학교의 수업이 바뀌지 않고 있다는 점이다. 현장에서는 교육과정은 선진적이지만 평가방식 때문에 적용이 어렵다는 비판도 많이 있다. 평가의 측면에서도 다양한 방법으로 변화시켜 왔으며, 특히 절대평가 방식의 성취평가제는 매

디지털 시대와 4차 산업혁명에
대비한 교육의 시대

우 고무적인 변화라고 할 수 있다. 하지만 학교 현장에서는 대학 입시와 관련해서 평가가 근본적으로 바뀌기 어렵다고 토로하고 있다. 교수 - 학습 방식의 개선을 위해서도 다양한 정책이 추진되어 왔다. 하지만 학급당 학생수 감축, 교과교실제, 디지털 교과서의 도입 등을 통해서 실질적인 개인별 맞춤형 학습이 구현되지 못하고 있는 상황이다.

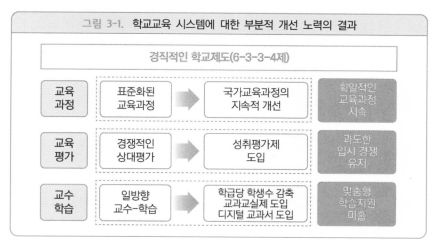

그림 3-1. 학교교육 시스템에 대한 부분적 개선 노력의 결과

출처: 정제영(2016).

거의 매년 바뀌어온 대입제도를 포함한 다양한 교육개혁의 노력들이, 현재의 교육 패러다임을 바꿀 수 있는 수준에 이르지는 못하고 있다. 부분적으로 최적화하여 개선하려고 시도해왔지만 전체의 시스템을 바꾸는 데에는 실패하였다. 유기적으로 연계되어 있는 교육시스템의 일부만을 개선할 경우에는 전체 시스템의 기능이 더 악화될 수도 있는 것이다. 이를 자동차에 있는 4개의 낡은 바퀴 중에서 1개만을 최신형으로 바꾸는 경우에 비유할 수 있다. 결과적으로 자동차의 성능이 개선되기 어려운 상황인 것이다. 이러한 부분적 관점에서의 교육제도 개선 노력은 패러다임을 바꾸는 결과보다는, 일선 교육 현장에서 교사와 학생, 학부모들에게 교육개혁의 피로감으로 누적되어왔다고 평가된다.

PART 04

미래 교육
패러다임 구상

제4차 산업혁명 시대에 맞는 학교교육은 개인별 맞춤형 교육에 기반을 두어 모든 학습자가 학습에 성공하도록 하는 것이라 할 수 있다. 맞춤형 교육 시스템을 설계하려면 학교교육의 전체 시스템에 대한 이해와 더불어 연계성에 기반을 둔 시스템적 사고가 필요하다. 그 가운데 가장 핵심은 '교수 – 학습 활동'에서 학생들의 학습이 가장 효과적으로 이루어지도록 하는 것이며, 이를 중심으로 학교교육 시스템 전반에 대한 재설계를 통해 새로운 교육 패러다임을 만들어가는 노력이 필요하다.

학습자 맞춤형 교육이 구현되기 위해서는 제4차 산업혁명의 새로운 테크놀로지를 활용하여 경직적이고 획일적인 학교제도를 유연하게 바꾸는 과정이 우선적으로 필요하다. 또한, 학습자 맞춤형 교육과정 운영, 학습자 중심의 절대평가의 도입, 지능정보형 교수 – 학습 시설, 창의적 역량을 갖춘 교사, 미래형 교육지원시스템이 뒷받침되어야 한다(정제영, 2016; 2017).

미래 교육 패러다임의
기본 방향과 전략

　학교교육 시스템을 재설계하려면 방향 설정이 중요한데, 이 연구에서 교육 원형(原形)을 구현하기 위한 목적을 달성하려면 '맞춤형 교육을 통해 모든 학생이 학습에 성공하는 것'을 기본 방향으로 설정할 필요가 있다. 그동안 많은 학자들과 현장의 교사들이 학교에서 맞춤형 교육을 위해 노력해왔지만, 여러 장애 요인 탓에 구현되지 못했다. 특히 학습자 특성을 고려하지 않은 획일적 교육의 문제점에 대한 비판으로 맞춤형 교육이 대두되어왔으나, '학습자 진단 - 맞춤형 처방 - 평가'의 과정을 아우르는, 즉 맞춤형 교육의 정의에 적합한 학교제도에 대한 연구는 미흡한 실정이다.

　개인별 맞춤형 교육이란, 개별 학습자의 학업성취 수준, 심리 특성, 가정 환경 등을 종합적으로 고려하여 개별 학습자에게 가장 적합한 학습경험을 제공하는 다양한 방식의 개별화된 교수 - 학습 지원을 의미한다. Rotherham과 Willingham(2009)은 21세기 교육에서 맞춤형 교육의 중요성이 더욱 강조되어야 하며, 지식과 역량을 상호 연결시킬 수 있는 방향으로 맞춤형 교수가 제공되어야 한다고 주장한다. 이때 지식은 학생들이 각 교과에서 학습하는 교과지식을 의미하며 역량은 논리적 사고 등과 같은 고차원적인 정신기능을 의미한다.

　제4차 산업혁명의 도래라는 문명사적 변화를 학교 시스템의 총체적인 변화의 기회로 활용할 필요가 있다. 교육 패러다임의 변화에서 가장 중요한 부분은 핵심적인 문제를 파악하여 최종 목표(goal)를 설정하는 것이다. 학교 시스템 혁신의 목표는 교육 본연(本然)의 관점에서 볼 때, "모든 학습자가 원하는 학습에 성공하는 것"이다. 맞춤형 학습은 "학습자가 본인의 흥미와 소질·적성, 학습 경험, 학습속도, 심리적 특성과 가정 환경 등을 종합적으로 고려한 최적화된 환경에서 학습을 하는 것"으로 정의할 수 있다. 완전학습(mastery learning)은 개별 학습자가 모두 맞춤형 학습을 성공적으로 수행할 때 이루어진다.

교사의 강의를 중심으로 이루어지는 수업을 혁신하는 맞춤형 학습은 수준에 따라 차별화(differentiation), 개인화(individualization), 개별화(personalization)로 구분할 수 있다(U. S. DOE, 2010). 차별화, 개인화, 개별화의 학습 목표, 학습 내용, 학습 방법을 표로 나타내면 다음과 같다. 즉 최종적인 맞춤형 교육의 형태인 개별화는, 개인 학습자가 개인별 목표를 설정하고 개인의 수준에 맞게 가장 적합한 학습 방법을 통해 완전한 학습에 도달하는 것을 의미한다.

표 4-1. 맞춤형 학습의 수준과 유형

수준	차이			
	대상	목표(내용)	수준	방법
강의식	집단	동일	동일	동일
차별화	소그룹	동일	그룹별	그룹별
개인화	개인 학습자	동일	개인별	개인별
개별화	개인 학습자	개인별	개인별	개인별

출처: U. S. DOE(2010), 재구성.

그동안 맞춤형 학습을 지원하기 위한 다양한 시도가 이루어져왔지만, 실제 이러한 맞춤형 학습 지원이 제대로 구현되는 데 한계가 있었다. 맞춤형 학습 지원을 구현하려면 개인별 학습관리가 필요한데, 이를 위한 교원, 교육과정, 교육평가, 시설과 이러한 것을 가능하게 하는 재정에 있어서 제한이 되어왔다. 현재의 교육 패러다임에서 맞춤형 학습이 이루어지려면 학생에 대한 학습자 분석을 토대로 교사가 맞춤형 학습을 지원해야 한다. 이를 위해 교사의 숫자를 상당히 충원해야 하고, 교육과정과 평가의 제도를 바꾸어야 하며, 학습을 위한 시설도 확충되어야 하는데, 이러한 일련의 혁신에는 거의 천문학적 재원이 소요되기 때문이다.

맞춤형 학습의 중요성이 강조되어왔지만 이를 구현하는 데 나타났던 여러 한계를 극복할 방법은, 제4차 산업혁명의 새로운 기술을 활용하는 것이다. 학습 데이터의 축적과 분석, 다양한 기술을 활용한 개인별 학습 지원과 평가 등을 구현할 수 있는 시스템 구축을 통해 맞춤형 학습을 구현할 가능성을 높일 수 있다.

지능정보사회로 지칭되는 미래 사회에서는 인성과 사회성을 갖춘 창의적 인재를 요구한다. 미래 인재를 양성하려면 한 명의 학생도 놓치지 않고, 모든 학생들이 학습에서 성공할 수 있는 기회를 제공해야 한다. 교육의 목적을 달성하기 위한 기본 과제는, 학생의 소질과 적성에 맞추어 꼭 필요한 학습이 이루어질 수 있도록 맞춤형 진단과 처방이 이루어지고, 이에 따라 학습에서 성공하는 경험을 이어갈 수 있는 미래형 교육 패러다임을 디자인하고 구현해야 하는 것이다. 이를 국가적인 관점에서 보면 모든 학생들이 필요로 하는 교육 목표를 달성해 완전학습이 이루어지는 학교를 의미한다.

교육 패러다임을 바꾸기 위한 기본 전략은 지능정보사회의 새로운 테크놀로지를 활용해 맞춤형 학습을 지원하는 시스템을 구축하는 것이다. 인공지능, 사물인터넷, 클라우드, 빅데이터, 모바일 기기의 결합으로 정의되는 제4차 산업혁명의 핵심 테크놀로지를 교육 분야에 적용해야 할 것이다. 기존에 이루어진 학교교육에서의 테크놀로지 적용을 세 가지 수준으로 나누어 볼 때, 1단계는 학생의 수행 정보 및 교사의 평가 결과 등을 디지털화해 저장하고 활용하는 것이다. 2단계는 컴퓨터 보조 학습(computer aided instruction, CAI)으로 기존의 정보 저장을 넘어서 교사의 수업 외에 보조적으로 컴퓨터를 통한 학습 내용을 보충하여 제공하는 형태이다. 현재의 학교는 거의 2단계 수준에서 테크놀로지를 활용하고 있다. 하지만 3단계에서는 인공지능이 학습자에 맞추어 교수·학습 내용을 결정하고, 컴퓨터나 모바일 기기를 통해 학습이 이루어지도록 하며, 그 결과를 평가하여 빅데이터로 관리하는 것이다.

현재 이루어지는 테크놀로지 기반 학습(technology-based learning)은 전자적 기술로 이루어진 학습 과정을 의미한다(Cavus & Kanbul, 2010). 테크놀로지 기반 학습의 적용 사례로는 모바일 또는 스마트 기기 활용, 웹 기반의 사회적 네트워킹 도구인 Facebook, Twitter 등이 있는데, 결과적으로는 교사의 교수 과정을 보조하는 역할로만 활용되어왔다. 그러나 단순히 테크놀로지 활용만으로는 학생의 학습 효과가 촉진되지 않을 뿐 아니라, 테크놀로지 기반 학습의 중요성에 대한 보편적인 인식에도 불구하고 행정적인 측면의 현실 제약 때문에 테크놀로지 기반 학습이 적극적으로 활용되지 못하는 경우도 있다(Scruggs & Mastropieri, 1996).

지능정보사회에서 적용될 것으로 예상하는 것은 '테크놀로지 기반 맞춤형 학습'이다. 테크놀로지 기반 맞춤형 학습은 테크놀로지를 활용하여 학생 스스로 학습하도록 하고, 이 과정에서 스캐폴딩(scaffolding)을 제공하는 쌍방향 학습지원이 이루어져야 한다. 스캐폴딩이란 학습자들이 혼자서 스스로 성취하기 힘든 것을 성취 가능하도록 해주는 전문가의 도움을 의미하며(Wood, Bruner & Ross, 1976), 교수자 또는 동료와의 상호작용을 통해 학습자에게 제공되는 모든 형태의 지원으로 의미가 확장될 수 있다(Rachel, 2002).

지능정보사회의 테크놀로지는 맞춤형 학습을 가능하게 하는 중요한 수단이다. 즉, 학생의 흥미와 사전 경험, 태도 등을 고려해 학습 속도와 방법을 조정해주고, 그 결과를 절대평가 방식으로 점검하여 자기주도 학습을 도울 수 있도록 활용되어야 한다. 현재 적용되고 있는 디지털 교과서가 지닌 근본 한계를 넘어서려면, 지능정보사회의 새로운 테크놀로지를 활용하여 쌍방향 의사소통이 가능하도록 설계된 '개인별 맞춤형 학습 지원 시스템'을 개발해 적용해야 할 것이다.

제4차 산업혁명 시대의
인재상과 핵심역량 설정

　　20세기 후반부터 OECD를 중심으로 미래 핵심역량에 대한 연구가 지속적으로 이루어지고 있다. OECD는 1997년에 의무교육 단계의 학생들이 사회에 진출하기 위해 반드시 필요로 하는 지식(knowledge)과 기술(skill)을 갖추었는지 평가하기 위해 국제 학업성취도 평가인 PISA(the Programme for International Student Assessment)를 시행하게 되었다. 또한 OECD의 핵심역량 연구인 DeSeCo(Definition and Selection of Competencies) 프로젝트는, OECD의 PISA가 지향하는 장기적 관점의 평가 영역을 설정하기 위한 역량 영역을 설정하기 위해 시작되었다(Rychen & Salganik, 2003).

　　OECD의 DeSeCo에서 제시하고 있는 핵심역량은 삶의 다양한 분야의 요구를 충족시키는 수단이며, 개인의 성공적인 삶(a successful life)과 잘 운영되는 사회(a well-functioning society)를 이끄는 데 공헌하는 능력을 의미한다. 구체적으로 살펴보면 DeSeCo에서 정의하는 미래 인재의 핵심역량은 크게 3가지 영역에서 9가지 역량으로 나누어 볼 수 있다. 개인 역량으로 "큰 맥락에서 행동, 인생 계획과 과업을 구상 및 실행, 자신의 권리·관심·한계·필요를 옹호하고 주장"하는 역량, 대인관계 역량으로 "타인과의 관계 설정, 협동, 갈등관리" 역량, 기술적 역량으로 "언어·상징·텍스트를 상호적으로 활용, 지식과 정보를 상호적으로 활용, 새로운 기술 활용"하는 역량이다.

　　Assessment and Teaching of the 21st Century Skills(ATC21S)는 OECD 등의 국제기구에서 강조해왔던 역량중심 교육개혁을 위한 실질적인 전략을 개발하고 여러 나라에 보급하고 있다. ATC21S는 21세기에 필요한 핵심역량으로 4개의 영역에서 10가지 역량을 제시한다(Griffin, McGaw & Care, 2012). 첫째, 생각의 방식(Ways of Thinking)은 "창의성과 혁신, 비판적 사고·문제해결력·의사결정능력, 학습역량·상위 인지능력"이다. 일하는 방식(Ways of Working)은 "의사소통능력, 협업능력"이다. 셋째, 일하는 도구의 활용으로 "정보 리터러시, ICT 리터러시"이다. 넷째, 사회생활의 방식으로 "시민의식, 삶과 경력 관리, 개인적·사회적 책무성(문화적 인식과 역량 포함)" 등이다.

우리나라에서는 국가교육과정에서 미래 인재상[1]과 핵심역량을 제시하고 있다. 교육부가 고시한 2015 개정 교육과정에서도 우리나라 정부의 공식적인 인간상과 핵심역량을 제시하고 있다(교육부, 2015). 인간상은 4가지로 제시하고 있는데, '전인적 성장을 바탕으로 자아정체성을 확립하고 자신의 진로와 삶을 개척하는 자주적인 사람, 기초 능력의 바탕 위에 다양한 발상과 도전으로 새로운 것을 창출하는 창의적인 사람, 문화적 소양과 다원적 가치에 대한 이해를 바탕으로 인류 문화를 향유하고 발전시키는 교양 있는 사람, 공동체 의식을 가지고 세계와 소통하는 민주 시민으로서 배려와 나눔을 실천하는 더불어 사는 사람'이다. 또한 교육과정의 6가지 핵심역량은 '자기관리 역량, 지식정보처리 역량, 창의적 사고 역량, 심미적 감성 역량, 의사소통 역량, 공동체 역량'이다(교육부, 2015).

제4차 산업혁명 시대의 인재상은 다양하게 표현되고 있지만 가장 핵심적인 사회적 변화를 반영하면 "디지털 사회에서 급격한 변화에 유연하게 문화적으로 향유하는 창의적 인재"로 요약해 볼 수 있다. 인류의 오랜 역사동안 지속되어 왔던 인재상은 우리나라 교육기본법의 "홍익인간", "지식(knowledge), 기술(skill), 태도(attitude)를 고루 갖춘 인재", "지덕체(智德體)를 갖춘 전인적 인간" 등 다양하게 표현할 수 있는데 이러한 기본적인 인재의 덕목은 변화가 없을 듯하다.

---

1) 우리나라의 교육과정에서는 '인간상'이라는 용어를 사용하고 있다.

이에 더해, 제4차 산업혁명이 가져올 사회적 변화 양상에 맞추어 추가될 역량이 있을 것이다. 우선 삶의 기반이 디지털화 되는 비중이 높아지리라 예상된다. 기존의 인간관계, 의사소통 방식이 상당히 디지털화되리라는 것이다. 현재도 인터넷, SNS, 모바일 기기 등으로 의사소통의 매체가 상당히 디지털화 되고 있지만, 앞으로 그 비중이 더욱 높아지리라 예상된다. 또한 인공지능 기반의 기계들에 의해 인간의 노동이 상당히 대체될 경우, 인간은 그동안 누리지 못했던 많은 여가 시간을 갖게 될 것이라 예상된다. 또한 교육받은 인재가 갖추어야 할 역량에 추가해야 할 부분이 있을 것이다. 제4차 산업혁명이 도래로 인한 사회적 변화에 대응할 수 있는 인재를 키우기 위한 교육적 관점에는 5가지 역량을 추가적으로 고려되어야 할 필요가 있다(정제영, 2017).

첫째, 지능정보사회에서 자유롭고 적극적으로 생활하기 위한 디지털 리터러시(Digital Literacy)가 강조되어야 한다. 이미 의사소통의 매체는 오프라인의 소통을 넘어서 인터넷, 모바일, SNS(Social Network Service) 등 디지털화 되고 있으며, 이에 가상현실(Virtual Reality, VR)과 증강현실(Augmented Reality, AR) 등의 발달은 디지털 세상의 비중을 더욱 높이리라 생각된다. 이제 세상과 소통하는 방식이 상당히 디지털화 될 것으로 보이며, 이러한 디지털 리터러시는 자라나는 학생들뿐 아니라 성인에게도 모두 강조되어야 한다.

둘째, 디지털 세상에서 조화롭게 살아갈 수 있는 디지털 시민의식(Digital Citizenship)이 강조될 필요가 있다. 기존 인류의 시민의식은 오프라인의 세상에 맞도록 형성되어왔다. 한 마을 수준의 시민의식에서 국가 수준을 넘어 최근 세계시민의식(Global Citizenship)이 강조되고 있다. 하지만 이제 새로운 디지털 세상에 맞는 디지털 시민의식이 새롭게 형성되고 공유되어야 한다. 이는 우리 사회 구성원 모두에게 공유될 수 있어야 하며 학교는 이러한 내용을 전수하는 기능을 담당해야 한다. 특히 최근 인공지능 등 첨단 기술 개발과 활용에 있어서 윤리 문제가 다양하게 제기되고 있는 상황이다. 첨단의 과학자들에게도 이러한 디지털 시민의식의 기준과 내용이 구체화될 필요가 있다.

셋째, 디지털화되는 세상에서 인간의 존엄과 가치를 보존할 수 있도록 인류애에 기반한 인문적 소양(Humanity)이 더욱 강조되어야 한다(강태중 외, 2016; 정제영, 2016). 기술의 진보에 따라 기본적으로 인간의 노동을 상당한 부분 기계가 대체할 수 있으리라 예측된다. 노동 감소는 기본적으로 소득 감소와 여가 시간 증가로 이어질 수 있다. 특히 우리나라의 생산 가능 인구에 해당하는 청장년층은 대부분 일상 시간을 노동으로 활용하고 있다. 학령기 청소년들도 대부분의 시간을 공부 스트레스 속에서 생활하고 있다. 미래에 대한 중요한 역량은 여가시간을 문화적으로 향유할 수 있는 인문적 소양이다. 또한 기계에 의한 노동 대체는 인공지능 등 기계를 소유한 소수에 의한 부의 독점을 초래하고, 이는 결과적으로 승자 독식이라는 사회구조('Winner Takes All' Society)를 더욱 강화하리라 예상된다. 경제적·사회적 양극화는 더욱 가속화될 듯하며, 이는 교육의 양극화로 귀결될 수 있다. 따라서 더불어 잘 살 수 있는 인류애에 기반한 교육복지 체제를 강화해야 할 필요가 있다. 서로 나누면서 행복할 수 있는 교육은 결국 인문학을 통해 가능하다.

넷째, 예측할 수 없는 변화가 더욱 가속화되리라고 본다면, 변화에 대응하는 유연성(agility)을 길러줄 필요가 있다(강태중 외, 2016). 특히 우리나라의 학교교육은 정답을 맞히는 방법을 가르치는 교육에 집중하고 있어서, 학생들은 문제의 규정, 문제 해결 방법, 결과의 평가 등에 있어서 새로운 것에 대한 유연성을 기르지 못하고 경직적인 학습을 하고 있다. 유연성은 암중모색(暗中摸索)의 학습 경험에 의해 길러질 수 있다. 다양한 실패 경험을 통해 성공적인 학습을 경험하도록 하는 것이 유연성을 길러줄 수 있는 방법이다.

다섯째, 제한된 인식의 틀을 바꾸어 새로운 장을 마련할 수 있는 인간 고유의 창의성(creativity)을 길러줄 수 있어야 한다. 인공지능인 알파고가 바둑에서 인류를 이기고 세계 최고 수준으로 등극했다. 하지만 기존 '19줄 × 19줄'로 이루어진 바둑판을 '20줄 × 20줄'로 바꾸면 인공지능

알파고는 바둑을 두지 못할 것이다. 인공지능은 결과적으로 프로그램으로 이미 정해진 경우의 수에서만 최적의 결정을 내릴 수 있다. 지식과 기술의 융복합을 통한 창의적인 산물은 결국 인간에 의해 만들어진다. 미래의 교육은 기계의 제한된 합리성을 뛰어넘는 창의적 역량을 계발해야 할 것이다.

디지털 시대와 4차 산업혁명에
대비한 교육의 시대

개인별
학습 시스템 구축

　근대식 학교제도는 기본적으로 표준화된 대량 교육 구조를 갖고 있다. 소품종 대량 생산 시스템을 갖춘 공장을 유지하면서 다품종 소량 생산 시스템으로 바꾸는 시도는 비용만 늘릴 가능성이 있다. 현재의 학교 시스템도 마찬가지다. 대량 교육에 최적화되어 있는 상황에서 이를 개인별 학습 시스템으로 바꾸려는 무리한 시도는 과도한 비용을 요구하고, 결과적으로 개혁 실패로 귀결될 수 있다.

　개인별 맞춤형 학습이 구현되려면 파괴적 혁신(disruptive innovation)이 수반된 교육 패러다임의 전환이 요구된다. 현재 학교 시스템은 공급자 중심의 교육 관점이라 할 수 있는데, 개별 학습자 중심인 학습 관점으로의 전환이 필요하다. 이를 위해 "개인별 학습 시스템(personal learning system, PLS)"을 구축해야 한다. 기존 학교를 공간 개념으로 한정하고 모든 학습 프로그램을 학생 개인의 관점으로 전환하는 과정이 필요하다. 달리 말하면 "학교 내에 운영되는 개인별 학습 시스템(personal learning systems in school)"라고 할 수 있다. 집단 학습을 위해서 학교라는 공간은 여전히 유용하다.

　개인별 학습 시스템은 학교라는 공간에서 학생 개인별로 맞춤형 학습을 할 수 있는 개인별 맞춤형 시스템이다. 인지적 내용에 대해서는 다양한 학습자료를 활용하여 개별화된 학습을 수행할 수 있다. 인지적 영역에서도 다른 학습자와 공통의 학습내용, 토론, 팀 프로젝트 활동을 통해 집단별 학습을 할 수 있다. 비인지적 학습에서는 인성과 사회성을 기르는 목적으로 다른 학생과 함께 활동하는 것이 필요하다. 이러한 공동 학습을 위한 집단 구성도 유연한 방식으로 이루어질 수 있다.

현재 학교 조직은 상당 부분 관료제적이어서 대부분의 의사결정이 위에서 아래로 향하는 하향식(Top-down) 의사 결정구조이며, 공급자 중심의 문화이다. 따라서 이러한 구조 아래에서는 맞춤형 학습 체제 구축에 한계가 있다. 결과적으로 교육적 의사결정을 학생을 중심으로 시작해야 맞춤형 학습 지원 체제 구축이 가능하다. 개인별 학습으로의 총체적 전환을 위해 패러다임 전환이 필요하다.

개인별 학습 시스템을 구축하려면, 학교 시스템을 구성하는 하위 시스템에 대한 분석을 통해 새로운 시스템을 구축하는 시도가 필요하다. 시스템에 대한 점증적인 변화의 관점에서 벗어나 새로운 시스템을 총체적으로 새롭게 디자인하는 관점의 전환이 필요하다. 이는 학교의 역할을 재규정하는 것으로 시작하여, 교육과정, 교수·학습 과정, 평가방식, 교사의 역할 등에서의 총체적인 전환을 의미한다.

표 4-2. 개인별 학습 시스템 구축을 위한 학교 시스템의 변화

구분	대량교육 시스템 (mass education system)	개인별 학습 시스템 (personal learning system)
학교의 역할	사회 구성원의 양성 상급학교의 진학	학생의 개별적 성장 지속적 학습 경험 축적
교육과정	국가(학교) 교육과정	개인별 교육과정(학습계획)
교수·학습 과정	교사 주도	학생 중심
평가 방식	총괄평가, 상대평가	과정평가, 절대평가
교사의 역할	지식의 전달자 엄정한 평가자	개인별 학습 시스템 디자이너 학습의 조력자

출처: 정제영(2017).

개인별 학습 시스템은 실제 존재하는 공간으로서의 학교를 의미하는 것이 아니라, 학습자를 중심으로 학습을 시스템적으로 지원하는 '가상의 학교(virtual school)'를 구상할 필요가 있다. 개인별 학습 시스템을 구축하려면 학교의 역할에 대한 새로운 디자인이 필요하다. 대량교육을 하는 현재의 학교는 사회 구성원을 양성하는 교육을 실시하고 있다. 학교는 현

재의 개인별 학습 성과보다는 미래의 진학과 진로에 맞춰진 수단적 관점이 자리잡고 있다. 개인별 학습 시스템은 미래에 대비하지만 현재 학생의 관점에서 학생의 개별 성장에 초점을 맞추어야 한다. 특히 초·중등교육은 자체 학교급의 교육적 목적보다는 상급학교 진학에 초점을 맞추고 있는 현재 문제를 극복해내야 한다.

교육과정 측면에서는 국가교육과정을 학교의 상황에 맞추어 수정해 운영하는 현재의 방식에서 벗어나, 학생의 개인별 특성에 맞는 교육과정을 구성해주는 전환이 필요하다. 학생의 흥미와 소질·적성, 학습 경험, 학습 속도, 심리적 특성과 가정 환경 등을 종합적으로 고려한 최적화된 교육과정을 설계해주어야 한다. 이러한 과정은 형성적 과정으로 일정 기간을 두고 지속적으로 변경해야 한다. 학생의 학습 경로와 경력개발의 경로가 맞추어질 수 있도록 지속적이고 전문적인 지원이 필요하다. 개인별 교육과정 설계 과정에는 인공지능과 정보통신기술 등 제4차 산업혁명의 기술적 활용이 요구된다. 개인별 교육과정 설계에 있어서 중요한 부분은, 교육과정을 결정할 주체를 확정하고, 필수적인 교육내용과 선택할 수 있는 교육과정을 구분하는 것이다. 유아교육에서 초등교육까지의 과정에서는 학습자의 자율적 학습 선택 능력이 부족하고 사회적으로 합의된 기초 교육과정이 필요하다는 점에서 제도적으로 결정해야 하는 부분이 더 많은 비중을 차지할 수 있다. 반면 중학교와 고등학교 수준에서는 본인의 미래 진로 희망과 적성에 맞추어 학습내용을 선택할 수 있는 능력이 높아지면, 학생이 자율적으로 선택할 수 있는 부분이 늘어날 수 있다. 개인별 교육과정의 구성을 구조화해 보자. 낮은 연령에서는 사회적 합의를 바탕으로 제도적으로 결정되는 영역의 비중이 높지만, 학교 급이 올라감에 따라 학생 본인의 선택에 의한 자율적 선택 영역이 확대되도록 하는 것이다. 사회적 합의나 개인별 특성을 고려하여 (a)와 (b)와 같이 다양하게 구성할 수 있다.

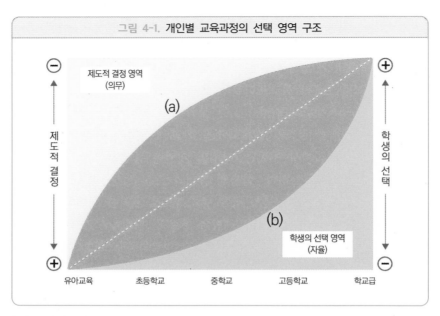

그림 4-1. 개인별 교육과정의 선택 영역 구조

제도적 결정 영역
(의무)

(a)

제도적 결정

학생의 선택

(b)

학생의 선택 영역
(자율)

유아교육　　초등학교　　중학교　　고등학교　　학교급

출처: 정제영(2017).

　개인별 학습 시스템에서의 교수·학습 과정은 다양하게 설계하여 운영할 수 있다. 인지적 교과의 경우에는 개별화된 맞춤형 학습을 실시할 수 있다. 이 경우에도 교사와의 오프라인 수업과 인공지능 기술을 활용한 지능형 학습지원 시스템(intelligent tutoring system, ITS)을 동시에 활용할 수 있다. 반면 인지적 학습활동이라고 하더라도 협력 학습이나 프로젝트 학습과 같은 그룹별 활동, 그리고 비인지적 학습의 내용에 대해서는 소집단 형태의 맞춤형 학습이 가능하다. 이러한 유연한 학습 집단의 형성은 무학년제와 학년제가 결합된 유연한 학교제도에 기반한 것이다 (정제영, 2016).

　개인별 학습 시스템에서 평가는 학습 경험에 대한 질적인 평가가 중심이 되어야 한다. 현재 학교에서 활용되고 있는 상대평가는 집단 내에서 이루어지는 협업보다는 경쟁을 유발하며, 학습 과정에서의 교육적 활용보다는 학습 결과에 대한 상대적 서열에 초점을 맞춘다. 상대평가의 결과는 학습 집단 내에서의 상대적 서열을 의미하는데, 이는 교육적으로 활용할 수 있는 정보를 담고 있지 못하다. 교육과정 상의 목표와 준거에 비추어 평가하는 절대평가를 지향하고, '학습 결과에 대한 평가(assessment of learning)'보다는 '학습을 위한 평가(assessment for learning)', '학습으로서의 평가(assessment as learning)'를 실시해야 하며 형성평가를 통해 성공적인 학습을 돕는 지원이 필요하다. 절대평가 방식의 '학습자 맞춤형 성취평가'는 과정을 중시하며 학습 과정과 결과가 절대적 기준에 도달했는지에 초점을 맞출 수 있다. 상대평가를 규준참조평가라고 하고 절대평가를 준거참조평가라고 할 때, 기존의 규준참조평가는 준거참조평가로 전환이 시급한 상황이다. 나아가 미래에는 개인별 학습 시스템 도입을 위해 개인의 최대한의 능력 발휘를 강조하는 능력참조평가와 개인의 능력 변화에 초점을 맞추는 성장참조평가로의 전환을 시도해야 할 상황이다(성태제, 2014).

개인별 학습 시스템에서 교사는 학생 개개인의 개인별 학습을 디자인하는 전문적 역할을 할 수 있다. 학생의 흥미와 소질·적성, 학습 경험, 학습속도, 심리적 특성과 가정 환경 등을 종합적으로 고려한 최적화된 교육과정을 설계하고, 다양한 교육자원을 연결해줄 수 있다. 학교에서 제공할 수 있는 교육과정 이외에도 인근 학교나 대학 등의 교육기관에서 개설하는 프로그램, 다양한 온라인 학습 프로그램 등을 연결하여 맞춤형 학습이 이루어질 수 있도록 지원하는 역할을 수행할 수 있다. 또한 학습과정에서 겪게 되는 학습자의 문제들을 진단하고 해결해주는 조력자 역할도, 협력 학습이나 프로젝트 학습과 같은 그룹별 활동에서는 개인별 학습이 효과적으로 이루어지도록 하는 퍼실리테이터(facilitator)의 역할도 수행할 수 있다.

미래 교육 패러다임 구현을
위한 제도적 변화

　개인별 학습 시스템을 구축하려면 시스템적 변화를 수반하는 교육 패러다임의 전환이 필요하다. 또한 개인별 학습 시스템이 원활하게 작동하려면 교육제도와 정책적 지원이 필요하다. 기존의 중앙정부 중심의 관리적 관점에서는 학교 시스템의 변화 가능성이 희박하다. 개인별 학습 시스템이 운영되기 위한 기반이 되는 제도 변화가 함께 이루어져야 하는 이유는, 학교가 교육제도의 틀 안에서 운영되는 하위 시스템이기 때문이다. 제도적 변화의 가장 핵심적인 요소를 4가지로 살펴보면, 교육제도 운영의 철학, 학교제도, 입학제도, 학교 시설이다.

표 4-3. 개인별 학습 시스템 구축을 위한 제도적 변화

구분	대량교육 시스템 (mass education system)	개인별 학습 시스템 (personal learning system)
교육제도 철학	수월성과 형평성의 대립 (선택적 수월성)	수월성과 형평성의 조화 (모두를 위한 수월성)
학교제도	학년제(School year)	무학년제
입학제도	공정한 경쟁과 선발	효과적인 경력 개발
학교 시설	효율적 교육 운영	개인별 학습 지원

출처: 정제영(2017).

　현재의 교육제도 철학의 관점은, 우수한 학생을 교육해야 한다는 수월성 원칙과 교육 기회가 균등하게 제공되어야 한다는 형평성 원칙이 갈등 관계에 있다. 이러한 교육제도의 기저에 놓인 철학적 갈등은 정권 변화나 정치적 역학관계에 따라 교육제도를 변화시키는 동인이 되고 있다. 개인

별 학습 시스템은 모든 학생들이 각자의 수월성을 최대한 계발해 나간다는 점에서 수월성과 형평성의 조화를 추구한다. 학습자 개인의 경력 경로에 따라 학습의 내용을 구성하고 성공적으로 학습해 나가는 과정은 타인과의 경쟁을 통한 수월성이 아니라, 자기 자신 스스로의 노력으로 구성해 가는 개인별 수월성이다. 개인별 수월성은 UNESCO에서 추구하고 있는 '모두를 위한 교육(Education for All)'의 이념과 맥을 같이한다.

현재 우리나라의 학교제도는 초등학교, 중학교, 고등학교의 구분이 명확한 '6 - 3 - 3 - 4제'를 운영하고 있다. 하지만 개인별 학습 시스템에서는 학년의 구분은 무의미하다. 개인별로 다른 교육과정을 구성하고 학습의 성취에 따라 본인의 학습 속도를 유지할 수 있다. 따라서 현재의 학교는 지역별 특성을 고려하여 초등학교와 중학교 연령의 통합학교, 중학교와 고등학교 연령의 통합 학교 등 탄력적으로 운영할 수 있다. 무학년제를 운영하는 통합학교는 저출산으로 인해 학령인구가 감소되고 학교간 통합 운영이 필요한 부분도 고려해야 한다.

우리나라 교육에서 가장 강력한 영향을 미치는 제도는 대학입학전형제도 등 상급학교의 입학시험이다. 부분적 교육개혁이 실패로 귀결되는 가장 강력한 요인이 바로 상급학교 진학의 경쟁이며, 고등학교 내신제도 혁신의 걸림돌이 되고 있는 것도 바로 대학 신입생의 공정한 선발 문제이다. 객관식 문항에 의한 상대평가 방식은 대학 신입생 선발의 공정성을 가장 잘 보장해주는 제도로 오랫동안 인정받고 있다. 하지만 공정성의 가치를 보장하기 위해 희생되어야 할 교육적 가치는 너무나 심각한 수준이다. 개인별 학습 시스템에서 학생들이 성취하는 개인별 차이를 반영하고, 결과적으로 개인의 경력개발에 연결될 전공 적합성을 찾아주어야 한다. 성적이 우수한 학생을 공정하게 선별(selection)하는 관점에서 개인의 질적인 학습 경험을 바탕으로 대학 전공에 적합한 학생을 선발하는 타당성의 가치를 더욱 높여야 한다.

현재의 학교 시설은 다수의 학생을 효율적으로 교육시키는 관리의 관점이 우선적으로 고려된 상황이다. 학생의 효율적인 관리는 학생을 효율적으로 통제하는 것이다. 학생들의 주도적인 학습의 공간이라기보다는 대량교육이 효율적으로 운영될 수 있는 구조이다. 개인별 학습 시스템을 운영하려면 개인별 교육과정과 학습 방법에 연동해 성공적인 학습이 이루어질 수 있도록 새로운 디자인이 필요하다. 개인별 학습 시스템은 개별화, 개인화된 맞춤형 학습이 이루어지고, 인공지능 기술을 활용한 지능형 학습 지원이 적용될 수 있도록 설계되어야 할 것이다.

유연한 학교제도로의 전환

맞춤형 교육을 구현하려면 학교제도 전반에서 혁신이 필요하다. 산업화 시대의 학교제도가 갖고 있는 공급자 중심의 경직성과 획일성을 줄이고, 교육의 목적이 제대로 구현될 수 있는 유연한 제도로의 전환이 필요하다. 미래 사회에 필요한 인재는 '인성과 사회성을 갖춘 창의적 인재'라고 정의할 수 있다. 인성과 사회성은 인공지능 로봇의 기계성에 대응하는 인간 고유의 역량이고, 창의성은 다른 말로 자기주도적인 학습 능력이다. 궁극적으로 학생의 학습 필요에 민감한 탄력적인 교육제도로의 전환이 요구된다. 학교제도를 운영하는 교육행정도 종래의 획일적 통제에서 다양성을 추구하는 자율화 방향으로 유연하게 변화될 필요가 있다(김영철 외, 2004).

허경철(2001)은 우리나라 교육과정의 획일성을 경계하고, 학년이 달라도 능력 수준이 비슷하면 하나의 학습 집단을 형성할 수 있다고 지적하면서, 학습집단을 구성하는 보다 교육적인 원리는 학년보다는 능력이 되어야 함을 강조했다. 주삼환(1997)은 21세기 사회는 학생 개인에 초점을 맞춰야 하고 개인 능력은 각기 다르기 때문에, 각급 학교 간 구분과 이동이 엄격하지 않고 자유로워야 하며 학년의 개념이 줄어들고 꼭 1년마다 진급할 필요도 없다고 했다. 또한 '학급'을 가르치는 것이 아니라 '학생'이라는 개인에 초점을 맞추면, 학급의 의미가 자연스레 사라지거나 약화된다고 보았다.

맞춤형 교육이 이루어지도록 하려면 지식과 이해 위주의 인지적 교과 학습의 영역에서 학습자의 학업성취 수준과 학습속도에 맞는 무학년제 도입이 필요하다. 학생 개인의 필요와 학습 성과를 반영하여 다양하게 학습이 이루어질 수 있도록 하는 것이다. 인지적 학습에 적용되는 무학년제란 학년이나 계열에 관계없이 학생의 능력과 흥미에 맞는 수준의 과정을 이수할 수 있도록 여러 조건을 마련해주는 학제를 의미한다. 무학년제 도입은 모든 학생이 맞춤형 교육을 통해 성공적인 학습이 이루어질 수 있도록 지원하는 것을 목적으로 한다. 무학년제는 국가교육과정 운영에서 학년(school year)과 교육과정(curriculum)의 강력한 연계를 끊어준다는 의미이며, 이는 교육과정을 학습자에 맞추어 개별화된 방식의 운영을 요구한다. 무학년제가 적용되는 인지적 교과의 학습활동은 수월성(excellence)의 원칙이 적용되어 모든 학생이 자신의 수준에 맞게 학습에 성공할 수 있는 기회를 제공하는 것이 필요하다. 다만 학습에 장애가 있거나 문제가 있는 학생의 경우 교사의 적극적인 문제 해결 지원이 이루어져야 한다.

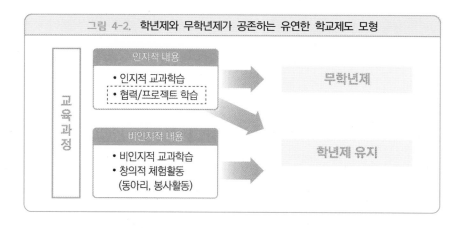

그림 4-2. 학년제와 무학년제가 공존하는 유연한 학교제도 모형

반면 인지적인 내용의 교과 학습 중에서도 다른 학생들과의 협력적 학습 방법이 필요한 프로젝트 학습 등에서는 학년을 유지해야 한다. 또한 음악, 미술, 체육과 같은 비인지적 교과와 동아리, 봉사활동 등 창의적

체험활동의 경우에도 학년을 유지하는 것이 바람직하다. 학년이 유지되는 팀 학습과 비인지적 활동에서는 인성과 사회성을 기르기 위해 조화(harmony)와 형평성(equity)의 원칙이 적용될 수 있다.

학습자 맞춤형 교육과정 운영 및 절대평가 도입

맞춤형 교육이 적용되려면 교육과정 측면에서는 교사의 전문성과 자율성을 기반으로 하는 개별화된 교육과정이 도입되어야 한다. 개별 학습자의 필요와 수준에 맞춘 교육과정이 제시되어야 하며, 고등학교 이후에는 학점제의 도입을 검토할 필요가 있다. 학교에서 더는 수동적으로 주어진 교과 내용을 주입받는 것이 아니라, 학습자 스스로 자신의 욕구와 동기에 따라 학습활동에 대한 전반적인 기획(planning)과 학습을 자기주도적으로 수행할 수 있도록 해야 한다. 학습자 자신의 학습 흥미와 자발적인 의지에 따라 개인의 성취목표를 세우고, 이를 해내기 위해서 배워야 할 학습 내용 설정, 학습 자원의 배분, 적합한 학습 방법의 선택, 평가 및 피드백에 이르기까지 학습의 매 순간마다 자기주도적 학습 역량을 함양하도록 해야 한다.

우리나라의 국가교육과정 총론에는 학습자 맞춤형 운영이 목표로 제시되어왔으나 실제 교실 상황에서는 공급자 중심으로 운영될 수밖에 없는 구조를 갖고 있다. 표준화된 교육과정과 운영으로 인해 학생들의 준비도(readiness)나 학습 속도와 무관하게 교사의 일방적인 수업이 진행되는 방식이다. 학생 개인별 학습이 제대로 이루어지려면 국가 주도의 표준형 교육과정에서 학교기반의 학습자 맞춤형 교육과정으로 바뀌어야 할 필요가 있다(정제영, 2016).

학습자 맞춤형 교육과정의 운영을 위해서는 국가교육과정의 과목별 교과내용을 적정화할 필요가 있다. 현행 국가교육과정은 학교급과 학년별로 이수해야 하는 최대한의 교육과정(maximum)을 설정하고 있는데, 이를 모든 학생이 이수해야 하는 최소한의 교육과정(minimum)으로 개선할 필요가 있다. 이를 구체화하면 학년군이나 학교급별로 모든 학생들이 성취해야 할 핵심 성취기준(standards)을 설정하고, 성취기준에 따라 절대평가에 의해 이수를 점검할 수 있는 성취수준(mastery level)을 관리하는 것이 필요하다. 모든 학생들이 핵심 성취기준을 반드시 이수할 수 있도록 학습을 지원해주고, 이를 확인하는 학습 성과관리 체제를 도입하면 학교교육의 책무성도 높일 수 있을 것이다.

맞춤형 교육을 위해서 교수 - 학습 활동에서 학교급에 맞추어 차별화(differentiated), 개인화(individualized), 개별화(personalized) 교육을 다양하게 활용할 필요가 있다. 초등학교와 중학교 단계에서는 차별화와 개인화 전략을 통해 교육의 목표는 공통으로 설정하되 다양한 소집단, 개별화 교수 방법이 활용되어야 한다. 고등학교 단계에서는 개인화와 개별화 전략을 활용하여 학점제 도입 등 다양하고 개별화된 학습 경험을 유도하는 것이 바람직할 것이다.

교육평가의 측면에서는 모든 학습자들이 학습의 과정에서 성공을 경험할 수 있도록 절대평가로 전환할 필요가 있다. 현재 학교에서 이루어지고 있는 학업성취도 평가는 학습자의 학습과정에서 도움이 되는 형성평가(formative evaluation)보다는 학습의 결과를 최종적으로 측정하는 총괄평가(summative evaluation)에 초점을 맞추고 있다. 특히 중학교 이후에 적용되는 상대평가는 교육적 기능보다는 사회적인 활용을 위한 선별 기능에 더 초점이 맞추어져 있다고 하겠다.

평가 개선을 위해서는 학생 상호 간 경쟁심과 서열주의를 조장하는 상대평가보다 교육과정 상 목표와 준거에 비추어 평가하는 절대평가를 지향하고, '학습 결과에 대한 평가(assessment of learning)'보다는 '학습을 위한 평가(assessment for learning)'가 필요하다. 결과 중심의 선다형 문항 위주 지필평가에서 과정 중심의 수행평가를 지향함으로써, 획일적이고 집단적인 지식 중심의 평가 대신 종합적이고 다양화된 문제해결능력 평가를 확대할 필요가 있다(정제영 외, 2013).

학습자 맞춤형 교육과정 운영에 따라 평가 방법 또한 학습자가 스스로 설정한 개인의 목표에 따른 평가가 실시되어야 한다. 개인별로 학습 시작점이 차이가 있기 때문에 성취 가능한 목표점을 다르게 설정하고 학습 후 이를 달성하였는가를 스스로 점검, 완전학습을 이루는 절대평가 방식의 '학습자 맞춤형 성취평가'가 도입되어야 한다. 맞춤형 교육과정과 연계된 개별화된 평가를 위해서는 검사 매체도 지필평가 위주에서 컴퓨터 기반 평가 활용 위주로 변화를 추진해야 한다. 미국의 차세대 학력평가 2.0, PISA 등에서도 컴퓨터 기반 평가방식을 적극 활용하고 있다는 점에 주목할 필요가 있다. 결과적으로 학생의 평가는 모든 학습 과정에서 성공한 결과를 질적으로 기록하는 포트폴리오 방식으로 전환되어야 한다. 학생의 학습 성과를 기록한 포트폴리오는 대학 등 상급학교 진학을 위한 자료로 활용될 수 있다.

교원제도 및 교육지원시스템의 혁신

학생의 맞춤형 학습이 가능하도록 하려면 교원의 역할 변화가 요구된다. 표준화된 교육과정을 정해진 대로 가르치는 지식 전달자에서 학생의 성공적인 학습을 지원하는 '학습 멘토, 코치, 컨설턴트'의 역할로 전환이 필요하다. 이를 위해서는 학생이 학습하는 방법을 배울 수 있고, 새로운 지식을 창출해내는 능동적 학습자로 성장할 수 있도록 지원하는 창의적인 교원이 필요하다.

미래 교육을 이끌어갈 창의적 교원을 양성하기 위해 교원의 양성과정, 자격, 임용, 연수체제에 대한 전반적인 재설계가 필요하다. 우선 교원의 양성과정에서는 미래 교사에게 요구되는 교육 전문성을 기르기 위한 실무 중심의 교육과정으로 개편해야 한다. 교사 자격체제도 변화가 필요한데, 현재 교원양성대학에서 정해진 교과를 이수하면 무시험으로 자격을 취득하여 평생 유지되는 제도에 대한 개선이 필요하다. 교사 자격증을 취득하고 법률로 규정한 일정기간이 지나면 자격을 갱신하도록 하는 제도를 도입해야 한다. 자격의 갱신을 위해서는 교육경력과 전문성 계발 노력 등의 기준을 충족하도록 하여 급변하는 학교 환경에 대한 민감도를 높여야 한다. 지식 암기 위주의 임용고사를 통한 교원의 임용과정도 혁신하여 교사에게 필요로 하는 전문적 역량을 평가할 수 있는 내용과 방식으로의 변화가 필요하다. 임용 이후에 초임교사의 수업 역량이나 생활지도와 상담의 역량을 높이려면, 교사로 채용된 이후 다양한 실전 경험을 할 수 있도록 1년 이상의 기간을 설정하여 집중적인 연수를 통해 실무 역량을 기르고 학교조직에 적응할 수 있도록 해야 한다. 재직 중인 교사에 대해서는 다양한 방식의 학습공동체 활동과 현장연구 등을 통해 자율적으로 학습할 수 있는 기회를 늘려야 할 것이다.

유연한 학교제도의 운영을 위해서는 현재의 경직적인 행정구조도 혁신이 필요하다. 전통적인 학교의 위기를 전반적으로 극복하고 패러다임의 전환이 이루어질 수 있도록 교육지원 시스템의 총체적 혁신이 요구된다. 유연한 학교제도 운영을 위한 관련 법령의 정비를 통해 법적 기반을 마련해야 한다. 지능정보사회의 다양한 테크놀로지를 활용하여 수준별 맞춤형 학습 플랫폼을 구축하고, 이를 실현시킬 수 있는 첨단형 미래 교실과 온라인 시스템을 구축해야 한다. 플랫폼에서 수집된 데이터를 통해 학교와 개인의 현황에 대해 거시적이면서 동시에 세밀한 분석을 진행하여 미래형 교육을 위한 빅데이터 기반의 정책 관리와 운영이 필요하다. 특히 유연한 맞춤형 학교제도를 구축하기 위해 필요한 소요재원을 산정하고 이를 뒷받침할 수 있는 교육재정의 안정적 확보가 필수적이다.

미래 교육
빅 픽쳐

　지능정보사회의 도래에 따른 새로운 미래 학교 모델을 수립하기 위해 기존에 논의되었던 선행 연구에서는, 눈부시게 빠르게 발전하고 있는 첨단 기술을 접목시켜 학습 과정의 효율성을 꾀함으로서 그동안 실현시킬 수 없었던 학생 개개인에 대한 맞춤형 교육을 가능하게 한다는 것에서 큰 의의를 찾을 수 있다. 새로운 학교교육으로의 변환은 경쟁과 성공에 몰두하는 교육이 아닌, 향후 미래 사회가 요구하는 창의적이고 융합적인 사고와 역량을 함양한 인재를 양성하는 데 크게 기여할 것으로 기대된다.

　정제영, 선미숙(2017)의 연구에서는 지능정보사회의 미래 학교교육 전략 수립을 위해 선행연구에서 학교교육 개선 방안으로 제안되고 있는 사항들에 대해 영역별 과제의 중요도와 실현 가능성에 대한 의견 조사를 실시했다. 설문은 학교제도, 교육과정, 교육평가, 교수 - 학습 방법, 교원의 역할, 교육시설, 교육행정지원체제 및 대입제도 개선 방안에 대해 영역별로 구체화된 문항을 제시했으며, 학교교육의 개선 방향에 대해 2017년 11월 10일부터 11월 28일까지 초·중등교원, 대학교수, 공무원(교원 제외), 연구원 등 각계의 교육전문가를 대상으로 온라인을 통해 설문조사를 실시했다. 학교교육 개선 방안에 대한 의견 분석은 설문에 응답한 14,207명을 대상으로 했으며, 설문 응답자 현황을 구체적으로 살펴보면 초·중등교원이 13,947명(98.2%), 대학교수 40명(0.3%), 공무원 119명(0.8%), 연구원 20명(0.1%)으로 구성된다.

　미래 학교교육의 전략 수립을 위해 지능정보사회로의 진입에 따라 현재 추진 중이거나 논의되고 있는 새로운 학교교육 전략 및 정책 과제에 대해 학교제도 개선을 포함, 교육과정, 교수 – 학습방법, 교육평가, 교원정책, 교육시설, 교육행정지원체계, 대입제도의 영역에서 살펴보고자 했다.

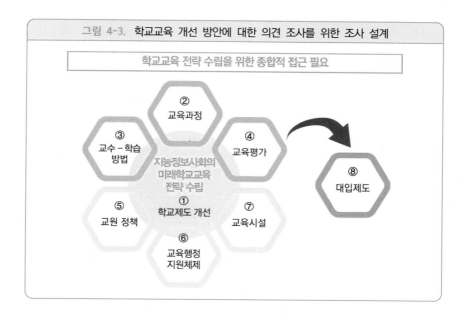

그림 4-3. 학교교육 개선 방안에 대한 의견 조사를 위한 조사 설계

학교교육 전략 수립을 위한 종합적 접근 필요

② 교육과정

③ 교수 – 학습방법

④ 교육평가

⑧ 대입제도

지능정보사회의 미래학교교육 전략 수립

⑤ 교원 정책

① 학교제도 개선

⑦ 교육시설

⑥ 교육행정 지원체제

학교제도 개선 방안

지능정보사회의 미래 학교교육 전략으로 검토되고 있는 학교제도 개선 방안에 대해 중요한 정도를 조사한 결과, 전문가들이 가장 중요하다고 인식하는 과제는 유치원을 정규 학제에 편입하여 공적 지원을 강화하도록 하는 '취학 전 만 5세 교육의 공교육화'(3.59)인 것으로 나타났다.

다음으로 다양한 선택과목을 제공하고, 학교에서 개설하지 않은 교과목이더라도 지역사회 학습장이나 온라인 강의를 통해 배우고 학습결과를 인정하여 '학생의 선택권을 강화하는 학점제 도입' 방안(3.43), 학생의 학습 속도에 맞추어 맞춤형 학습을 무학년제로 하고, 인성·사회성 계발을 위한 활동은 학년제를 유지하도록 '학년제에 무학년제 요소를 가미'하는 방안

(3.14), '현행 6 - 3 - 3 - 4제를 5 - 4 - 4 - 3제나 5 - 5 - 2 - 4제 등 다른 연한으로 개편'하는 방안(2.90), '학생의 발달과정에 따라 통합학교를 운영'하는 방안(2.90) 순으로 중요도를 높게 평가했다.

표 4-4. 수업연한 조정 및 유연한 학제 개선 방안(중요도)

순위	학제 개편(안)	중요한 정도	
		평균	표준편차
1	취학 전 만 5세 교육의 공교육화	3.59	1.318
2	학생의 선택권을 강화하는 학점제 도입	3.43	1.194
3	학년제에 무학년제 요소 가미	3.14	1.233
4	현행 6–3–3–4제를 다른 연한으로 개편	2.90	1.342
5	학생의 발달과정에 따라 통합학교 운영	2.90	1.229

교육과정 개선 방안

교육과정 운영과 관련한 개선 방안 중에는 '꼭 배워야 하는 핵심원리 중심으로 교육과정을 운영하여 학생의 학습부담 감소'(4.28)하는 방안이 가장 중요도가 높은 것으로 나타났다. '감성·사회성·윤리성을 키우는 인성·예술·체육 교육 확대·강화'(4.26)에 대한 중요도도 높게 평가했다.

다음으로 '교사의 교육과정 편성·운영 자율성 확대'(4.09), '단위학교의 다양한 교육과정 편성·운영 확대'(4.05), '학교 밖 교육자원 활용 확대' (3.88), '학생 맞춤형 개별화 교육과정 운영'(3.87)에 대한 중요도가 높게 나타났다. 그 외에 '시·도의 교육과정 편성·운영 자율권 확대'(3.80), '다양한 선택과목 개설을 통해 학생의 수업 선택권 확대'(3.77), '학교 간 공동교육과정 운영 확대'(3.65), '초·중·고 모든 학교급에서 디지털 리터러시 교육 활성화'(3.39), '초·중등 온라인 강좌시스템 구축 및 온라인 강좌 수강 학점 인정'(3.14) 순으로 중요하다고 인식하는 것을 알 수 있다.

표 4-5. 교육과정 개선 방안(중요도)

순위	교육과정 개선 방안	중요한 정도	
		평균	표준편차
1	꼭 배워야 하는 핵심원리 중심으로 교육과정 운영 및 학생의 학습 부담 감소	4.28	0.867
2	감성·사회성·윤리성을 키우는 인성·예술·체육 교육 확대·강화	4.26	0.863
3	교사의 교육과정 편성·운영 자율성 확대	4.09	0.899
4	단위학교의 다양한 교육과정 편성·운영 확대	4.05	0.902
5	학교 밖 교육자원(대학, 산업체, 지역의 다양한 학습 프로그램 등) 활용 확대	3.88	0.963
6	학생 맞춤형으로 개별화된 교육과정 운영	3.87	0.971
7	시·도의 교육과정 편성·운영 자율권 확대	3.80	0.990
8	다양한 선택과목 개설을 통해 학생의 수업 선택권 확대	3.77	0.998
9	학교 간 공동교육과정 운영 확대	3.65	0.998
10	초·중·고 모든 학교급에서 디지털 리터러시 교육 활성화	3.39	1.079
11	초·중등 온라인강좌시스템 구축 및 온라인강좌 수강 학점 인정	3.14	1.156

교수 – 학습 방법 개선 방안

교수 – 학습 방법 개선 방안 가운데 교육전문가들이 가장 중요하다고 인식하는 과제는 '다양한 교육 자료를 제작·선택·활용할 수 있도록 교사에게 자율권을 부여'(4.32)하는 방안으로 나타났다. '창의적 수업설계, 토론, 발표 등 학생참여 중심 수업 활성화'(4.30) 방안에 대해서도 중요도를 매우 높게 평가한다.

다음으로 '토론·협력수업, 프로젝트 수업, 거꾸로 학습 등 다양한 수업 모델을 발굴하여 확산'(4.22), '지역별 교수학습 지원센터(교수학습 관련 연수 및 멘토링, 교수학습 자료 개발, 수업공동체 운영 지원 등) 설치'(4.11) 방안에 대한 중요도가 높게 나타났다. 그 외에 '학습자의 학습 빅데이터를 체계적으로 수집·분석하여 개별화된 학습설계를 지원하는 지능형 학습 플랫폼 구축'(3.85), '학생 개인의 모든 학습결과를 누적하여 학습 개선의 기초자료로 활용하기 위한 온라인 학습 포트폴리오 구축'(3.82), '학습자 중심의 실감(AR, VR)적인 미래형 디지털 교과서 개발 및 보급'(3.60) 순으로 중요도가 높게 나타났다.

표 4-6. 교수 – 학습 방법 개선 방안(중요도)

순위	교수 – 학습 방법 개선 방안	중요한 정도	
		평균	표준편차
1	다양한 교육 자료를 제작·선택·활용할 수 있도록 교사에게 자율권 부여	4.32	0.754
2	창의적 수업설계, 토론, 발표 등 학생참여 중심 수업 활성화	4.30	0.771
3	토론·협력수업, 프로젝트 수업, 거꾸로 학습 등 다양한 수업 모델을 발굴하여 확산	4.22	0.825
4	지역별 교수학습 지원센터(교수학습 관련 연수 및 멘토링, 교수학습 자료 개발, 수업공동체 운영 지원 등) 설치	4.11	0.872
5	학습자의 학습 빅데이터를 체계적으로 수집·분석하여 개별화된 학습설계를 지원하는 지능형 학습 플랫폼 구축	3.85	0.980
6	학생 개인의 모든 학습결과를 누적하여 학습 개선의 기초자료로 활용하기 위한 온라인 학습 포트폴리오 구축	3.82	1.010
7	학습자 중심의 실감(AR, VR)적인 미래형 디지털 교과서 개발 및 보급	3.60	1.090

교육평가 개선 방안

교육평가 개선 방안에 대해 교육전문가들이 인식하는 중요도를 조사한 결과, '모든 과목에 대한 평가는 성취평가(절대평가)를 원칙으로 하되, 평가의 신뢰도와 타당도 제고'(4.09)하는 방안에 대해 가장 긍정적으로 인식하는 것으로 나타났다.

다음으로 '교과목별 특성 및 수업활동과 연계하여 학생의 능력과 적성에 맞는 최적화된 평가 방식은 교사 재량으로 결정'(4.05), '학교 단위의 총괄 평가 비중을 축소하고, 형성평가, 과정평가 등 수시·상시평가 비중확대'(4.01), '평가자료 DB 구축·활용 등 체계적인 학생평가 지원시스템 마련'(4.01)도 중요도가 높게 나타났다. 그 외에 '선다형 검사에서 학습자의 학습 활동 수행 과정과 결과를 종합적으로 판단하여 성취기준에 따른 수행평가 확대'(3.99), '인성적 성장 발달 과정 관련 평가결과 서술식 기술 등 정의적 영역에 대한 평가 확대'(3.92), '학생의 동료 상호간 평가 및 자기 성찰 평가 등 다양한 평가 방식 활용'(3.89) 순으로 중요도가 높게 나타났다.

표 4-7. 교육평가 개선 방안(중요도)

순위	교육평가 개선 방안	중요한 정도	
		평균	표준편차
1	모든 과목에 대한 평가는 성취평가(절대평가)를 원칙으로 하되, 평가의 신뢰도와 타당도 제고	4.09	0.899
2	교과목별 특성 및 수업활동과 연계하여 학생의 능력과 적성에 맞는 최적화된 평가 방식은 교사 재량으로 결정	4.05	0.884
3	학교 단위의 총괄 평가 비중을 축소하고, 형성평가, 과정평가 등 수시·상시평가 비중 확대	4.01	0.962
4	평가자료 DB 구축·활용 등 체계적인 학생평가 지원시스템 마련	4.01	0.893
5	선다형 검사에서 학습자의 학습 활동 수행 과정과 결과를 종합적으로 판단하여 성취기준에 따른 수행평가 확대	3.99	0.934
6	정의적 영역에 대한 평가 확대 : 인성적 성장 발달 과정 등 관련 평가 결과 서술식 기술	3.92	0.966
7	학생의 동료 상호간 평가 및 자기 성찰 평가 등 다양한 평가 방식 활용	3.89	0.981
8	학생 중심 수업의 안착을 위해 학생부의 정량평가 중심 평가체제에 정성평가 영역 확대	3.89	0.951
9	IT 및 문항반응이론을 기반으로 각 개별 학생의 능력 수준에 맞는 맞춤형 평가(컴퓨터 기반의 능력적응검사) 활용	3.72	0.975

교원정책 개선 방안

교원정책 개선 방안에 대해 전문가들이 가장 중요하다고 인식하는 과제는 '교원의 자율적 역량 신장을 위한 교사학습 공동체 지원'(4.15)이었다. 또한, '예비교원들이 변화하는 교육환경에서 요구되는 핵심 역량을 함양할 수 있도록 현행 교·사대 교육과정 개편'(4.14) 방안에 대해서도 중요도를 높게 평가했다.

다음으로 '교원 선발 후 일정기간 교육과 현장연수 기간을 거쳐 배치하는 수습교사제 도입'(3.68), '임용고사에서 지필고사의 비중을 축소하고, 수업계획서 작성, 수업 시연 등 실제 수업능력 평가 비중 확대'(3.66), '교원의 지속적인 전문성 신장 결과를 교원의 다양한 평가에 반영 강화'(3.53), '융합교육 활성화 및 다양한 학습자 요구 충족을 위해 복수자격 교원 확대'(3.41) 순으로 중요도가 높게 나타났다.

표 4-8. 교원정책 개선 방안(중요도)

순위	교원정책 개선 방안	중요한 정도	
		평균	표준편차
1	교원의 자율적 역량 신장을 위한 교사학습 공동체 지원	4.15	0.872
2	예비 교원들이 변화하는 교육환경에서 요구되는 핵심 역량을 함양할 수 있도록 현행 교·사대 교육과정 개편	4.14	0.936
3	수습교사제 도입 : 교원 선발 후 일정기간 교육과 현장연수 기간을 거쳐 배치	3.68	1.226
4	임용고사에서 지필고사의 비중을 축소하고, 수업계획서 작성, 수업 시연 등 실제 수업능력 평가 비중 확대	3.66	1.105
5	교원의 지속적인 전문성 신장 결과를 교원의 다양한 평가에 반영 강화	3.53	1.213
6	융합교육 활성화 및 다양한 학습자 요구 충족을 위해 복수자격 교원 확대	3.41	1.201
7	시간선택제, 순회교사 등을 활용한 교과 전담제, 시간제 강사 등 과목 선택권 보장을 위한 탄력적인 교원 정책 운용	3.26	1.331
8	교육전문대학원 체제 도입 : 교원 양성 수준을 대학원 수준으로 상향	3.25	1.252
9	현행 4년의 교원양성기간을 실무중심 교육 강화를 위해 5년 또는 6년으로 연장	3.17	1.288
10	초·중등 교원양성과정 및 임용의 통합	2.72	1.395

교육시설 개선 방안

교육시설 개선 방안에 대한 중요도를 조사한 결과, 전문가들이 가장 중요하다고 인식하는 과제는 '강의형 교실 중심의 공간에서 다양한 상호작용을 기반으로 하는 면대면 협력 활동을 촉진할 수 있는 공간으로 변화'(4.20)인 것으로 나타났다. '범죄예방환경설계(CPTED) 등 갈등이나 폭력을 최소화할 수 있는 안전하고 개방적인 공간 구축'(4.15)에 대한 중요도도 높게 인식했다.

다음으로 '학습활동을 유연하게 지원할 수 있도록 가변성과 융통성을 보완한 다양한 형태의 교실 구축'(4.03), '전국 초·중·고등학교에 무선 인터넷망을 설치하여 ICT 기반 교육서비스에 대한 접근성 강화'(3.89) '쌍방향 온라인 수업이 가능한 교실 환경 구축'(3.88), '학생용 테블릿PC 확충을 통해 개별화된 맞춤형 교육 지원'(3.68), '가상 체험이 가능한 체험형 학습 공간 마련'(3.62) 순으로 중요도가 높게 나타났다.

표 4-9. 교육시설 개선 방안(중요도)

순위	교육시설 개선 방안	중요한 정도	
		평균	표준편차
1	강의형 교실 중심의 공간에서 다양한 상호작용을 기반으로 하는 면대면 협력 활동을 촉진할 수 있는 공간으로 변화	4.20	0.840
2	범죄예방환경설계(CPTED) 등 갈등이나 폭력을 최소화할 수 있는 안전하고 개방적인 공간 구축	4.15	0.902
3	학습활동을 유연하게 지원할 수 있도록 가변성과 융통성을 보완한 다양한 형태의 교실 구축	4.03	0.922
4	전국 초·중·고등학교에 무선 인터넷망을 설치하여 ICT 기반 교육서비스에 대한 접근성 강화	3.89	1.029
5	쌍방향 온라인 수업이 가능한 교실 환경 구축	3.88	1.020
6	학생용 테블릿PC 확충을 통해 개별화된 맞춤형 교육 지원	3.68	1.134
7	가상 체험이 가능한 체험형 학습 공간 마련	3.62	1.123

교육행정지원체제 개선 방안

교육행정지원체제 개선 방안 가운데 교육전문가들이 가장 중요하다고 인식하는 과제는 '교원이 교육활동 본연의 업무에 집중할 수 있도록 행정지원 인력 확충'(4.45) 방안이었으며, '지시와 통제 위주의 행정에서 지원을 위한 행정으로 전환'(4.41)에 대한 중요도도 매우 높게 평가했다.

다음으로 '학교 중심의 단위학교 자율 경영 확대'(4.18), '수직적 거버넌스에서 수평적·네트워크 형태의 거버넌스로 변화'(4.18), '학교 시설 관리는 교육청이 직접하고 학교 내 다양한 교육주체가 교육활동을 운영하는 교육청 직영 학교 모형'(3.84) 도입에 대해 중요하다고 인식하고 있었다. 그 외에 '지역사회의 참여를 확대하는 혁신적 지역교육 공동체 구축 운영'(3.77), '학생의 학교교육 참여 및 결정권 확대'(3.75), '교육청 중심의 실질적인 교육자치 강화'(3.60), '학부모의 학교교육 참여 및 결정권 확대'(3.40) 순으로 중요도가 높게 나타났다.

표 4-10. **교육행정지원체제 개선 방안(중요도)**

순위	교육행정지원체제 개선 방안	중요한 정도	
		평균	표준편차
1	교원이 교육활동 본연의 업무에 집중할 수 있도록 행정지원 인력 확충	4.45	0.849
2	지시와 통제 위주의 행정에서 지원을 위한 행정으로 전환	4.41	0.808
3	학교 중심의 단위학교 자율 경영 확대	4.18	0.856
4	수직적 거버넌스에서 수평적·네트워크 형태의 거버넌스로 변화	4.18	0.840
5	교육청 직영 학교 모형 : 학교 시설 관리는 교육청이 직접하고 학교 내 다양한 교육주체가 교육활동을 운영	3.84	1.026
6	지역사회의 참여를 확대하는 혁신적 지역교육 공동체 구축 운영	3.77	0.966
7	학생의 학교교육 참여 및 결정권 확대	3.75	0.986
8	교육청 중심의 실질적인 교육자치 강화	3.60	1.078
9	학부모의 학교교육 참여 및 결정권 확대	3.40	1.066

대입제도 개선 방안

대입제도 개선 방안과 관련하여 교육전문가들은 '대입제도의 중요한 부분을 법률로 정하여 안정적인 대입제도를 마련하고자 하는 대입제도 법제화'(4.15)를 가장 중요하다고 평가했다.

'학생부와 수능 위주 대입전형 단순화'(4.10), '현행 3년 전 확정되는 대입제도 예고기간을 확대하는 대입제도 6년 예고제 도입'(4.08)에 대한 중요도도 높게 평가했다. 다음으로 '수능 중심의 정시모집 확대'(3.65), '국어, 수학 등 일부 과목 수능 절대평가 도입'(3.62), '고등학교 교육 결과를 반영하는 학생부 중심 전형 비중 확대'(3.54)가 중요하다고 인식하고 있었다. 그 외에 '서술형 평가 중심의 한국형 인터내셔널 바깔로레아(IB) 도입'(3.45), '대학의 자율성을 보장하는 대학입시 자율화 추진'(3.39), '전 과목 수능 절대평가 도입'(3.33), '다양한 방식의 수시모집 확대'(3.30) 순으로 중요도가 높게 나타났다.

표 4-11. **대입제도 개선 방안(중요도)**

순위	대입제도 개선 방안	중요한 정도	
		평균	표준편차
1	대입제도 법제화 : 대입제도의 중요한 부분을 법률로 정하여 안정적인 대입제도 마련	4.15	0.917
2	학생부와 수능 위주로 대입전형 단순화	4.10	1.044
3	대입제도 6년 예고제 도입 : 현행 3년전 확정되는 대입제도 예고기간 확대	4.08	0.975
4	수능 중심의 정시모집 확대	3.65	1.159
5	국어, 수학 등 일부과목 수능 절대평가 도입	3.62	1.191
6	고등학교 교육 결과를 반영하는 학생부 중심 전형 비중 확대	3.54	1.225
7	서술형 평가 중심의 한국형 인터내셔널 바깔로레아(IB) 도입	3.45	1.128
8	대학의 자율성을 보장하는 대학입시 자율화 추진	3.39	1.244
9	전 과목 수능 절대평가 도입	3.33	1.279
10	다양한 방식의 수시모집 확대	3.30	1.298

미래 학교교육의 빅 픽쳐(big picture)

학교교육의 문제를 분석하고 재설계하기 위한 분석의 모형으로 시스템적 접근을 활용하고자 한다. 시스템이란 여러 부분으로 이루어진 전체 또는 여러 요소의 총체를 의미한다(윤정일, 송기창, 조동섭, 김병주, 2015: 59). 원래는 세포로 구성된 유기체를 총체적으로 지칭하는 생물학적 개념에서 비롯되었으나, 사회과학의 영역에서 조직을 유기체로 보는 관점에서 조직을 이해하는 개념적 틀로서 활용되고 있다. 세상을 하나의 복잡한 시스템으로 보는 관점을 '시스템적 사고(system thinking)'라 할 수 있으며, 이를 통해 시스템에 내재된 구조적 변화와 작동의 원리를 이해할 수 있다(Sterman, 2001). 즉, 시스템적 사고는 시스템의 작동 원리를 직관적으로 파악하여 시스템을 효과적으로 변화시킬 수 있는 전략을 발견하기 위한 사고방식을 의미한다(김동환, 2011).

시스템적 사고는 학교를 여러 하위 시스템(sub-system)으로 구성된 총체라고 인식하고, 학교교육은 이러한 하위시스템들의 변환 과정을 통해 이루어지는 것으로 이해하는 것이다. 학교교육 시스템은 '투입 - 전환 과정 - 산출'의 과정으로 나누어 볼 수 있고, 환경과 긴밀하게 상호작용하고 있으며, 기대했던 산출과 실제 산출의 차이에 따라 피드백이 이루어지게 된다. 학교교육 시스템에서 투입은 인적, 물적 자원으로 학생, 교원, 교육재정, 교육정책, 교육여건 등이 해당한다. 전환과정은 교육과정과 교육평가에 기반하여 교수 - 학습 활동을 하는 과정이다. 산출은 학생들의 학업 성취도, 학교 만족도, 학업 지속, 교육의 질 등이 해당한다.

모든 조직에는 가장 우선시되는 목적이 있고, 이 목적을 달성하기 위한 핵심적인 전환 과정이 있다. 학교교육 시스템에서는 핵심적인 전환 과정이 교사와 학생 사이에 이루어지는 '교수 - 학습 활동'이다. 특히 강조되는 것은 학생들이 주체가 되는 학습 활동이다. 학교교육 시스템의 모든 하위 시스템은 주로 학생의 학업성취를 위해 운영되고 있다.

학교교육은 시스템으로 구성되며, 각각의 하위 시스템이 역동적으로 작용해 유기적으로 작동하는데도, 많은 교육정책들은 하나의 원인이 하나의 결과를 낳는다는 단선적 사고에 기반한다. 눈에 보이는 직접적인 원인에만 관심을 집중하여 문제를 해결하려고 시도하는 것이다. 따라서 전체 학교교육 시스템을 고려하지 않고 수립된 정책은 불가피하게 예기치 못한

디지털 시대와 4차 산업혁명에 대비한 교육의 시대

결과를 초래하게 된다. 교육정책 부작용의 원인을 파악하기 위해서는 학교교육 시스템을 총체적으로 파악하는 것이 필수적이다(김창욱, 김동환, 2006).

Sashkin과 Egermeier(1992)는 미국에서 추진된 학교개혁 정책을 역사적으로 분석하였는데, 첫째, '부분 변화(fix the parts)'로 교육과정, 교수법 측면에서의 변화가 있었고, 둘째, '교직원 변화(fix the people)'로 교직원의 관행, 행동, 태도를 변화시키기 위한 연수와 개발 프로그램 제공 등의 접근이 있다고 보았다. 셋째, '학교 변화(fix the school)'는 단위 학교 차원의 변화를 의미한다. Sashkin과 Egermeier(1992)는 이러한 세 가지 접근 방법이 성공적이지 못했다고 지적하며, '시스템 변화(fix the system)'를 그 대안으로 제시했다. 이는 시스템에서 한 부분의 변화는 다른 부분에도 영향을 주기 때문에 시스템을 구성하는 모든 부분에 동시에 관심을 기울여야 한다는 의미이다.

Senge(1990)가 제시한 시스템적 사고는 기업에서 시작하여 학교로 적용되었고, 학업 성적 향상을 위해 시스템을 어떻게 설계할지 고민하던 교육자들에게 이론적 기반을 제공했다. Banathy(1995)는 교육 부문에서의 시스템적 사고에 대해 설명했는데, 학교의 교수 – 학습 활동으로부터, 조직, 행정에 이르기까지 하위 시스템이 복잡하게 연계되어 있고, 이러한 하위 시스템들은 깊은 상호 의존성을 갖고 있으며 하위 시스템 사이에서 행위, 관계 등에 대해 이해하는 것이 필요하다고 강조했다. Smith와 O'Day(1991)는 시스템적 변화를 위한 핵심요소로 첫째, 학교가 어떠해야 하는가에 대한 비전과 목표를 통합해야 하고, 둘째, 교육과정, 교육평가 등 목표와 일치하는 일관된 교수 시스템이 필요하며, 셋째, 학교 관리 시스템의 재구성이 필요하다고 강조했다.

Fullan(2010)은 학교의 개선을 위해서는 총체적인 시스템의 변화(whole-system reform)가 필요하다고 강조하면서, 이를 실현하기 위한 7가지 중요한 과제를 제시했다. 첫째, 모든 학생이 학습을 할 수 있도록 하고, 둘째, 소수의 최우선 목표가 설정되어야 하고, 셋째, 강력한 리더십이 필요하며, 넷째, 집합적 역량이 요구되고, 다섯째, 정교한 전략이 요구되고, 여섯째, 인지적 책무성이 있어야 하며, 일곱째, 모든 하위 시스템이 개선되어야 한다고 강조했다. 우리나라의 학교교육을 개선하려면 하위 시스템들의 최적화를 전체적으로 결합해 학교 전체의 개선으로 이어질 수 있도록 하는 시스템적 사고가 필요하다.

　그동안의 교육개혁은 부분 최적화의 전략을 사용했기 때문에, 한국교육이 거둔 많은 성과에도 불구하고 근본 개선이 이루어지지 못했다는 한계가 있다. 지능정보사회의 미래 학교교육 전략을 수립하려면 '시스템적 사고(system thinking)'가 필요하며, 학교교육을 가능하게 하는 여러 요인이 유기적이고 종합적으로 고려되어야 할 것이다. 교육과정의 개선, 교육평가의 개선, 교육시설의 개선뿐만 아니라 교원정책의 변화, 대입제도의 개선 등 시스템적인 관점에서 총체적인 학교교육의 혁신이 이루어져야 한다.

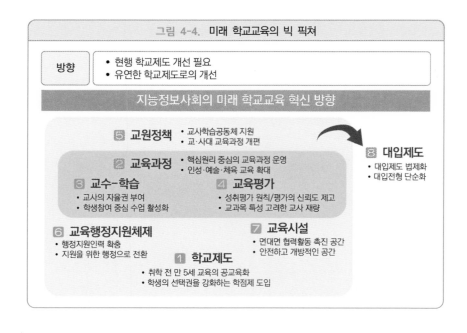

그림 4-4. 미래 학교교육의 빅 픽쳐

디지털 시대와 4차 산업혁명에
대비한 교육의 시대

- 에듀 테크(Edu-Tech) 활용 교육 사례
- 맞춤형 학습을 위한 혁신적 학교 사례
- 대학 교육의 혁신 사례

PART 05

미래 교육의 사례

학교가 변해야 한다는 방향에 대해서는 많은 공감대가 형성되어 있지만, 어떤 방향으로 변화해야 할 것인지에 대해서는 합의에 이르지 못한 상황이다.. 미래형 학교 모델은 눈부시게 빠르게 발전하고 있는 첨단 기술을 접목해 학습 과정의 효율성을 꾀한다. 따라서 그동안 실현시킬 수 없었던 학생 개개인에 대한 맞춤형 교육을 가능하게 해야 한다는 방향을 설정하고 사회적 합의를 구하는 과정이 필요하다. 아울러 새로운 학교교육으로의 변환은 경쟁과 성공에 몰두하는 교육이 아닌, 향후 미래 사회가 요구하는 창의적이고 융합적인 사고와 역량을 함양한 인재를 양성하는 데 기여해야 할 것이다.

학교와 집을 넘나드는 온오프라인 융합 교육이 활성화되고, 현실과 가상현실이 접목되는 학습 환경이 구축되고, 학생 개인의 흥미와 학습 수준에 맞는 맞춤형 학습이 가능하게 되는 장면이 현실화될 때, 변화하지 않는 기존 학교는 무용(無用)할 수 있다. 하지만 현재를 뛰어넘는 미래형 학교 체제로의 혁신이 이루어진다면, 우리 사회에서 학교는 교육의 핵심적 역할을 지속적으로 수행하게 될 것이다.

에듀 테크(Edu-Tech)
활용 교육 사례[1]

에듀 테크는 정보통신(ICT) 기술을 접목하여 맞춤형 교육을 구현하는 교육 또는 그 학습지원의 기술을 의미한다. ICT 융합 기술 영역의 메가 트렌드는 지능화, 가상화 초연결로 압축되어 나타나고 있다(ETRI, 2014). 지능화는 기계가 인간을 이해하도록 하는 기술 발전으로 인간과 기계의 관계 및 인간 정체성에 대한 인식의 변화를 초래하는 것을 의미한다. 가상화는 물리적인 일상적 사회의 경제 활동 전반이 아날로그 형태의 오프라인을 넘어서 디지털 형태의 온라인 가상화가 구현된다는 뜻이다. 초연결은 네트워크와 모바일 기기의 확산이 개인, 집단, 인간, 기계를 상당한 수준으로 연결함으로써 새로운 집단행동을 야기하는 현상을 의미한다.

지능화, 가상화, 초연결로 상징되는 에듀 테크가 학교 현장으로 침투하는 현상은 늘어나고 있으며, 그 속도와 넓이는 더욱 확대될 것이다. 에듀 테크가 학교 현장에서 활용되는 사례를 살펴보고자 한다.

지능화 기술 활용 교육 서비스 사례

IBM사에서 개발한 인공지능인 질 왓슨(Jill Watson)은 인공지능의 이름으로, 현재 인간 수준의 이해력을 바탕으로 사물에 대한 개념을 인지하는 것에서 나아가 철학적인 개념을 바탕으로 사물과 현상을 분석하는 능력까지 갖추는 것을 목표로 개발되고 있다. 주 활용분야는 헬스 케어, 의료, 법률을 비롯한 전문지식이 요구되는 영역에서 주로 사용되고 있으며, 인

---

[1] 본장의 내용은 한국교육학술정보원의 계보경 박사가 '지능정보기술 맞춤형 교육서비스 지원방안연구'의 중간워크숍(2017.8.30.)에서 발표한 자료를 참고한 것임.

디지털 시대와 4차 산업혁명에
대비한 교육의 시대

간의 일상적인 생활에도 도움을 주는 방향으로 개발이 이루어지고 있다. 최근에는 교육 분야에서도 활용을 확대하고 있다.

최근 일본 소프트뱅크 기업의 신입사원 서류전형 평가에서 IBM 왓슨을 활용했으며, 조지아 공과대학에서는 학과 조교의 역할을 수행했을 뿐만 아니라, 요리를 배워서 책을 저술하거나, 패션을 제안하는 역할로 활용되기도 하여 점차 실생활 영역으로 그 분야를 넓히고 있다.

왓슨은 조지아 공과대학의 컴퓨터 사이언스과의 인공지능 관련 온라인 교과 과정의 조교 역할을 수행했다. 보통 한 학기에 조교들에게 들어오는 질문 수는 1만 건으로, 방대한 질의응답에 대해 답변하는 조교의 역할에 인공지능인 왓슨을 투입한 것이다. 초기 왓슨의 조교 업무 수행은 데이터량 부족으로 미흡한 면이 있었으나, 학생들의 응답 데이터가 축적됨에 따라 현재는 과제 관련 질문, 성적 관련 질문, 수업 관련 질문 등에 잘 응대해줌으로써 높은 만족도를 얻게 되었다. 조교로서 왓슨의 질문에 대한 응답 정확도는 97% 이상을 기록하게 되었다.

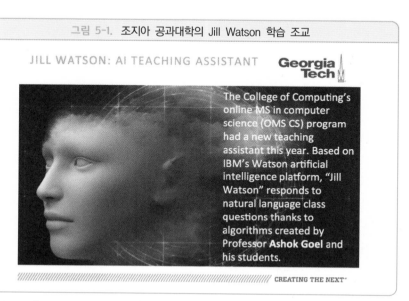

그림 5-1. 조지아 공과대학의 Jill Watson 학습 조교

출처: https://www.cc.gatech.edu/college-computing-previews-institute-address.

왓슨은 의료분야에서도 활용되고 있다. 왓슨 포 지노믹스(Watson for Genomics)는 방대한 의학 문헌 및 의약품 정보를 바탕으로 환자의 유전자 데이터를 분석해 의사들에게 환자의 진단 결과에 대해 검토할 수 있는 치료 옵션을 제공해주는 역할을 한다. 이에 따라 환자 특성에 보다 맞춤화된 의료 서비스를 제공하는 데 도움을 주고 있다. 우리나라의 대학병원에서도 왓슨을 도입하여 활용하는 사례가 많다.

그림 5-2. IBM의 Watson for Genomics 메인 화면

출처: https://www.ibm.com/watson/health/oncology-and-genomics/genomics/.

미국 보스턴에 있는 회사인 뉴턴(Knewton)은 빅데이터를 활용한 '맞춤형 학습 엔진'으로 '적응적 학습(adaptive learning)'을 표방한 다양한 기능들을 제공하고 있다. 뉴턴의 목표는 개인의 학습정보를 누적적으로 관리·분석하여 개인에게 최적화된 교육 환경과 정보를 제공하는 것으로, 모든 학생들의 개별 학습활동 자료를 수집해 빅데이터 분석을 거쳐 개별 학생에게 적합한 피드백을 제공한다. 동시에, 학생들이 알고 있는 것과 어떻게 학습하는 것이 효과적인지를 분석해 각 학생별로 맞춤화된 학습 콘텐츠를 제공, 같은 교실 안에 있어도 학생마다 각기 다른 수준의 최적화된 학습을 진행할 수 있도록 지원하는 것이다.

디지털 시대와 4차 산업혁명에
대비한 교육의 시대

뉴턴의 프로그램 운영 방식은 오답을 하는 학생의 패턴을 파악해 정답을 맞힐 가능성이 높은 문제들을 제시하는 방식으로, 이후에도 반복적으로 답이 틀릴 경우 해당 문제와 관련된 힌트를 제공하도록 하고 있다. 힌트를 제공하는데도 반복적으로 오답을 할 경우, 학생의 학습 흥미 유지를 위해 음악이나 애니메이션을 통한 학습 기회를 제공하기도 한다.

드림박스 러닝(Dreambox Learning)은 초·중학생을 위한 맞춤형 수학 학습 과정을 수학 강좌를 게임처럼 구성하여 제공하는 프로그램으로 하루 100만 건 이상의 수학수업을 제공하고 있다. 학습 과정에서 생성되는 모든 정보를 데이터화하여 교사와 학생에게 피드백하고 있는데, 이를 통해 학생과 교사들은 학습량, 성취도 등을 지속적으로 관리할 수 있게 된다. 수학 알고리즘을 활용해 사용자에게 맞춤화된 영상을 추천해주는 전문기업인 넷플릭스의 기술을 학습에 적용해 발전시킨 사례로, 실리콘밸리를 중심으로 약 200만 명의 학생들이 드림박스 러닝을 수학 보충교재로 활용하고 있다.

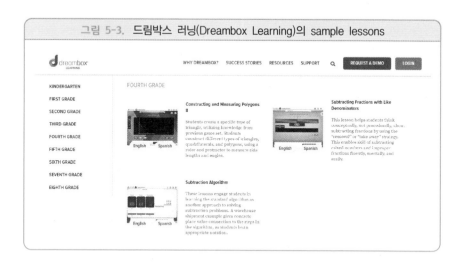

그림 5-3. 드림박스 러닝(Dreambox Learning)의 sample lessons

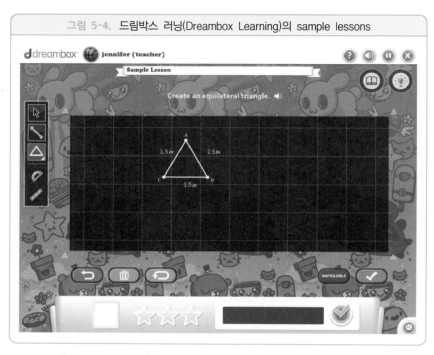

그림 5-4. 드림박스 러닝(Dreambox Learning)의 sample lessons

출처: http://www.dreambox.com/k-8-math-lessons.

    국내 벤처가 개발한 노리(KnowRe)는 '온라인 개인교사'를 표방하여 등장한 수학 학습 지원 교육 플랫폼으로, 일반적으로 대부분의 학생들이 어려워하는 수학의 연관 개념을 이해하는 데 초점을 둔 지원을 하고 있다. 노리 시스템은 학생들이 반복적으로 틀리는 문제의 풀이 과정을 분석하여, 학생이 어떤 수학 개념을 모르는지 찾아내어 이를 이해할 수 있도록 지원한다. 수학문제를 해결하기 위해 복합적인 개념들을 활용할 때, 구체적으로 학생이 알지 못하는 부분이 무엇인지를 정확히 진단해주는 것에 초점을 두고 있다. 현재 국내뿐만 아니라 미국의 80여개 중·고등학교에서 정식 활용 중으로, 교사가 수학 개념에 대한 설명과 수업을 진행한 후, 학생들은 노리를 활용하여 문제를 풀이하는 모델로 주로 활용되고 있다. 교사는 문제풀이 결과와 부족한 부분에 대한 진단 결과를 실시간으로 확인함으로써 많은 학생들이 각자 어떤 부분을 모르는지 파악한 뒤 적절한 피드백을 제공할 수 있다.

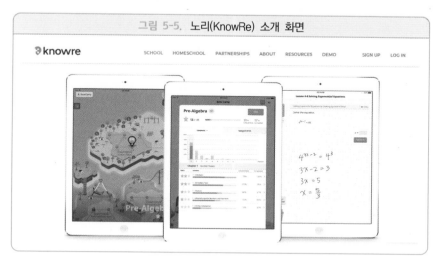

그림 5-5. 노리(KnowRe) 소개 화면

출처: http://www.knowre.com/product.

가상화(AR, VR) 기술 활용 교육 서비스 사례

증강현실(AR: augmented reality) 기술은 현실세계에 가상의 물체를 겹쳐 보여주어 현실과 가상이 공존하는 형태의 사용자 경험을 제공하는 기술이다. 주로 현실세계를 부가적으로 설명하는 형태의 가상 이미지나 정보를 제공하는 방법을 취하고 있다. 실제 세계의 맥락을 유지하면서 부가된 증강정보를 보여준다는 측면에서 증강현실의 교육적 활용은 지속적인 관심 대상이 있으며, 증강현실 기술을 활용한 기기로 Google 글래스(Google Glass)와 Microsoft사의 홀로렌즈(Hololens) 등이 주목받고 있다. Google 글래스는 일반 안경처럼 눈에 착용하는 형태로 제작되어 비교적 적응이 쉬우며, 스마트폰에 활용되는 안드로이드 운영체제가 내장되어 있어 안경을 통해 인터넷 검색, 사진 촬영, 내비게이션 작동 등이 가능하다. 기본적으로 음성 명령 방식으로 운영되며, 사용자의 눈앞에 약 25인치 정도의 가상 화면을 디스플레이 시키는 방식으로 작동된다.

그림 5-6. **구글 글래스(Google Glass)**

출처: "Google Glass How-to: Getting Started"(https://youtu.be/4EvNxWhskf8).

홀로렌즈는 머리에 쓰는 디스플레이 장치로(Head Mounted Display, HMD), 반투명한 디스플레이 위에 정보를 제공하여 사용자의 주변 환경을 볼 수 있는 증강현실 기기이다. 반투명 디스플레이 위에서 홀로렌즈의 증강현실 영상은 사용자 환경과 상호작용하여 재생되며 사용자의 제스쳐를 인식하기 때문에 손동작으로 가상의 영상이나 물체를 선택하고 조작하며 제어할 수 있다.

가상현실(VR : virtual reality)의 기술을 활용한 교육도 더욱 활성화되고 있다. Google에서 개발한 전 세계의 주요 장소의 탐험을 가능하게 하는 Google 익스페디션(Google Expeditions)은 교육용으로 제작된 대표적인 사진 기반 VR 어플리케이션으로 무선 인터넷으로 연결되어 있는 학급 단위의 그룹이 함께 탐사를 진행하는 방식으로 가상현실에 대한 경험을 제공하고 있다.

디지털 시대와 4차 산업혁명에
대비한 교육의 시대

그림 5-7. Microsoft사의 홀로렌즈(Hololens)

출처: "Microsoft HoloLens Demonstration Shows off Holographic Minecraft, Apps, and More" (https://youtu.be/QRQv74J7oSk).

그림 5-8. 구글 익스펜디션 키트에 연결하여 앱을 구동한 모습

출처: https://edu.google.com/expeditions/#about.

그림 5-9. **구글 익스페디션 활용**

출처: "Google Expeditions: over a million students, on trips to virtually anywhere"
https://youtu.be/3MQ9yG_QfDA.

　그룹의 가이드(교사)는 VR 콘텐츠 세트를 자유롭게 다운받아 나머지 그룹 구성원인 탐험가(학생)들에게 안내할 수 있으며, 각 콘텐츠 세트는 특정 장소나 주제와 관련 있는 VR 콘텐츠들로 선별되어 구성된다. 교육적 목적으로 제작된 콘텐츠인 만큼 탐험 장소 및 주제에 대한 전체적인 설명, 중요한 특징, 학습에 활용 가능한 다양한 수준의 질문들을 함께 제공되고 있다는 점이 특징이며, 2016년 기준으로 200여 개가 넘는 콘텐츠가 서비스되고 있다.

초연결 기술 활용 교육 서비스 사례

　사물인터넷(IoT : Internet of Things)은 인터넷을 기반으로 모든 사물을 연결하여 사람과 사물, 사물과 사물 간의 정보를 상호 주고받는 지능형 기술을 의미한다. 사물인터넷의 교육적 활용은 아직까지는 활성화되지 않았지만 주목을 받고 있는 영역으로 교실에서 일반적인 IoT 장치들이 사용되고 있다. 예를 들면, 대화형 화이트보드, 전자 책, 정제 및 휴대 기기, 3D 프린터, 학생 신분증, 온도 센서, 보안 카메라 및 비디오, 실내 온도 센서, 전기 조명 및 유지 보수, 출석표 추적 시스템, 무선 도어록 등이다.

우리나라에서 IoT 장치를 교육에 활용하는 사례를 살펴보면, KT가 부산광역시 내의 미세먼지 취약지역 인근에 위치한 10개 학교의 운동장과 교실, 체육관 등에 사물인터넷 기술이 적용된 '스마트 공기 질 관리 솔루션'을 도입한 것을 들 수 있다. 공기 질 측정기로써, 인체에 유해한 영향을 미치는 미세먼지와 생활가스(VOCs), 이산화탄소(CO_2)를 포함한 7가지 성분의 실내외 공기 상태를 매 순간 실시간으로 수집해 분석한다. 측정한 데이터는 학생을 비롯한 학부모, 교사 모두에게 스마트폰, 컴퓨터 및 전용 모니터를 통해 제공되고 있다.

그림 5-10. KT와 케이웨더가 개발한 스마트 공기질 관리 솔루션

출처: 케이웨더 공식 블로그 "https://blog.naver.com/airguardk1/221139870604".

미세먼지와 황사가 우리나라에서 심각한 사회문제로 떠오르고 있지만, 현재 전국 대부분의 초·중·고등학교는 개별적인 미세먼지 측정기가 없다. 전국 일기예보에 의존하거나, 이조차 정보 전달이 되지 않으면 야외 활동 가능여부를 판단하기 위한 실내외 공기상태 확인이 어려운 실정이다. 또한 실내에도 공기청정기가 없고, 있어도 어떤 상황에서 가동해야 하는지를 알 수 없어 미세먼지에 실시간으로 대처하기 어렵다는 문제가 있다.

이러한 문제를 해결하기 위해서 IoT 기술을 활용한 미세먼지 측정을 실시했고, 이를 통해 공기 상태 확인은 물론 직접 제어까지 가능하게 된다. IoT를 활용한 미세먼지 측정 시스템을 활용함으로써 실내외 공기 질 요소를 분석해 볼 수 있고, 최적의 공기 상태를 유지할 수 있게 된다. 또한, 공기 상태에 맞는 야외활동 가능여부와 지속시간, 환기 가능여부 등을 사전에 알려주며, 이를 수업의 실제 데이터로 활용하는 수업도 이루어진다.

디지털 시대와 4차 산업혁명에
대비한 교육의 시대

맞춤형 학습을 위한
혁신적 학교 사례[2]

국내 사례

그림 5-11. 충남 삼성고등학교 학점제 교육과정

■ 자연공학계열 ■ 인문사회계열 ■ 예술계열

교육과정	이수유형	과목	편성단위	내용
교과활동영역	공통선택	13과목	48단위	Beyond University를 위한 교육(교양인 육성, 품격 함양)
				한국사·경제(10)·생활 교양(12)·예술체육(16)·과학(10)
	계열선택	20과목	82단위	수능시험과 대학에서의 학업수행에 필요한 교과별 기초심화 학습
				국어(24/24/24) 수학(24/16/16) 영어(24/32/32) 탐구(10/10/10)
	과정선택	4과목	20단위	전공적합성 향상, 디플로마 과목
				각 과정별 4과목 이수
	자유선택	6과목	30단위	자신에게 필요한 과목을 자유롭게 선택(6과목 이수)
	합계	180단위 43과목 (매학기 6과목 이수)		
교육과정	이수유형	편성단위	이수시간	내용
창의적 체험활동 영역	자율활동	6		MSMP(충남삼성고 입문 인성교육프로그램) 학급별自治활동(HR), 전교생議式(GA)
	동아리활동	10		창체동아리활동(10단위, 1人1技(4단위) 포함), 자율동아리활동
	봉사활동	4	개별봉사 (80시간)	봉사교육 4단위 / 개인별 봉사 80시간 이상
	진로활동	4	진로체험활동(17시간)	인성 및 진로정보탐색 / 진로별 연구활동·진로진학설계활동(4단위) / 진로체험활동(17시간)
	합계	24단위 97시간 이수		
총계		204단위		

출처: https://www.cnsa.hs.kr/hpw/curriculum/diploma/diplomaInstitutionView.

　　우리나라의 충남 삼성고등학교의 경우, 선진형 교과교실제 및 교과 선택권 확대로 새로운 교육을 선도하고 있는 국내 고교 사례이다. 선진형 교과교실제는 학생들이 자신이 선택한 시간표에 따라 교과교실로 이동하

---

2) 이 부분은 정제영, 선미숙(2017)의 '지능정보사회의 미래 학교교육 전략 수립 연구'의 내용을 참고한 것임.

여 수업을 듣는 것이며, 이는 고교학점제 도입으로 인한 학생의 과목 선택권 확대가 있었기에 가능한 일이다(한국교육개발원, 2017a). 미래 학교교육에서 길러주어야 할 역량 중에서 학습자의 자기주도적인 문제해결력이 무엇보다 중요한 역량으로 손꼽히고 있는데, 학생들이 직접 수업의 주체가 되어 자신의 학습 수준과 흥미에 맞게 자신만의 교육과정을 만들어간다는 점에서 주목해야 할 사례이다.

무지개학교는 기존의 지식 위주의 학교교육을 개선하고, 미래사회 변화에 대비하여 미래 핵심역량을 길러줄 수 있는 미래형 공교육 모델로 제시할 수 있다(한국교육개발원, 2017c). 무지개학교에서는 학생들이 함양해야 하는 미래 핵심역량을 지적(창의·융합) 역량, 인성(자율·배려) 역량, 사회적(참여·소통) 역량으로 정의하고 있으며, 배움과 삶의 연계를 추구하는 '학생 배움과 성장 프로그램'을 통해 주제통합형 범교과 교육과정 및 탄력적 교육과정을 운영·적용하고 있다. 교육청과 학교, 교사, 학부모 등이 함께 협력하여 실제 현장에서 미래형 공교육 모델로 구현되는 사례이다.

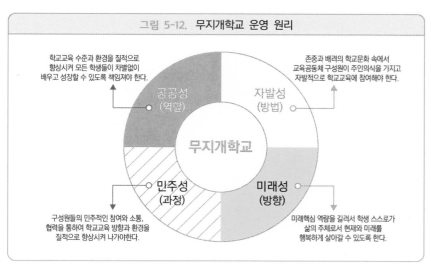

그림 5-12. 무지개학교 운영 원리

출처: https://www.jne.go.kr/rainbow/index.jne?menuCd=DOM_000000401003000000.

교육부는 2016년에 미국의 미네르바 스쿨을 벤치마킹한 '한국형 미네르바 스쿨'의 도입을 추진한다고 발표했다. 영상 통화 도구를 통한 실시간 화상 회의 시스템을 그대로 구현하여 온라인 공동 교육과정을 운영하는 방식이다. 물리적 거리의 제약을 뛰어넘는 형태이기 때문에 정보격차 또는 사회경제적 배경 등으로 인한 학생 학습 성취의 격차를 해소하고, 학생의 흥미와 학습 수준, 능력에 따라 맞춤형으로 강의를 수강할 수 있어서 학생 중심의 교육과정 운영이 가능할 것으로 보인다. 무엇보다 미래 지능정보사회에 대응하는 학교교육의 새로운 교수학습 전략을 국내 현실에 맞게 구현한다는 의미를 찾을 수 있다.

그림 5-13. 미네르바 스쿨 화상 수업 장면

출처: https://youtu.be/Dd7s8tCSDHE.

최근 우리나라의 교육 혁신을 이루고자 현직 교사가 주도하는 미래교실 네트워크가 주목받고 있다. 현재 지체된 공교육 시스템을 혁신하고, 교육위기를 세계적 시야에서 재조명하고, 위기의식을 전 사회적으로 공유하며, 동시에 위기를 돌파할 혁신적이고 즉각적으로 실현가능한 대안을 제시하려는 목적으로 민간의 혁신 네트워크를 구성한 것이다. 학생주도성

회복을 위한 교육 패러다임으로 전환하기 위한 방안으로는 '거꾸로 교실'을 제시하고 있다. '거꾸로 교실'은 학습자가 사전에 제공된 영상을 통해 교사의 강의를 교실 밖에서 미리 수강함으로써 학습자 활동 중심의 수업을 이끈다는 점에서, 미래 학교교육에서 공급자 중심이 아닌 수요자인 '학생' 맞춤형 또는 학생 중심의 교육 활동을 지향하는 것과 동일한 맥락이다.

해외 사례

전 세계적으로 첨단 기술을 활용한 혁신적인 미래형 학교를 설립하여 기존 학교교육을 보완하기 위한 다양한 교육적 시도를 추진 중이다. 미국의 School of the Future(SOF)와 싱가포르의 미래학교 프로젝트, 알트 스쿨(Alt School)과 칸랩 스쿨(Kahn Lab School), 미네르바 스쿨(Minerva School) 등이 주요 사례이다.

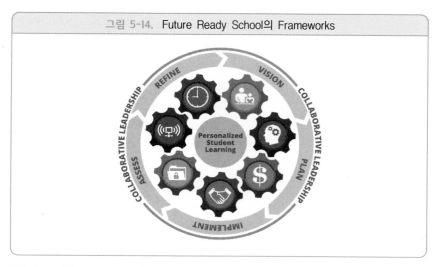

그림 5-14. Future Ready School의 Frameworks

출처: https://futureready.org/about-the-effort/framework/.

미국의 경우 연방정부 차원에서 미래학교 관련 'ConnectED' 정책을 추진한 바 있는데, 2014년 11월에 시작된 Future Ready School은 '연결성(connectivity)'을 강조하며 디지털 학습(digital learning)을 위한 인프라 구축에 초점을 두고 학교구 차원에서 구체화한 것이다(박종필, 2016). 이는 인터넷망 등 인프라 확대 및 교사의 기술 역량 제고를 위한 지원을 진행하는 정책이다. 그 외에 Microsoft사가 주도하는 프로젝트인 School of the Future(SOF)는 미국의 Philadelphia 학교구에 설립한 미래 학교로, 디지털 기기를 통해 프로젝트 기반, 학습자 주도의 수업을 진행하고 있으며 SOF는 민간과 교육청 등이 협력하여 새로운 가능성을 보여주었다는 의의가 있다(박종필, 2016, 한국교육개발원, 2016a).

그림 5-15. School of the Future(SOF)

출처: https://www.sof.edu/about/.

캐나다의 경우 온타리오(Ontario)주 교육부의 주도 하에 실제 교육 장면에 디지털 학습을 적극 도입하기 위한 VLE(Virtual Learning Environment) 프로젝트를 시행하고 있다(한국교육개발원, 2016b). 구체적으로 온라인을 통한 교육 자원 공유 시스템을 도입하여 학습 자료와 블렌디드 러닝 패키지, 수학 숙제 지원을 위한 가이드라인, 자기주도학습 기회 증가를 위한 e포트폴리오 등의 자료를 제공받을 수 있게 하고 있으며, 이를 위해 Google과 Microsoft로부터 클라우드 기반으로 활용할 수 있는 소프트웨어를 지원받아 사용자의 편의성과 접근성을 용이하게 하고 있다. 또한 홈페이지(www.EduGAINS.ca)를 통해 필요한 자료를 지속적으로 개발하고, 현장 교사들과의 공유 체제를 마련하고 있다(한국교육개발원, 2016b).

그림 5-16. 캐나다 온타리오 주의 VLE 프로젝트 학습지원 체제

출처: http://www.edugains.ca/newsite/curriculum/index.html.

싱가포르의 미래학교 프로젝트는 미래학교에서 검증된 ICT 활용 아이디어와 교육과정 방법을 일선의 다른 학교에도 도입하고 실행하기 위한 목적으로 수행되었다. 미래 학교에서 첨단 정보기술을 적용한 교수 학습법을 개발하고 혁신적인 학습 공간의 디자인을 접목하고 새로운 프로그램을 운영하는 등의 교육 혁신을 추진 중이다(계보경, 김현진, 서희전, 정종원, 이은환, 2011). 또한 이러한 맥락에서 미래를 준비하는 학습자를 육성하려는 노력의 일환으로 싱가포르 정부는 2017년 시범사업을 거쳐 2018년부터 학생을 위한 교육용 온라인 플랫폼 학습 공간(SLS: Student Learning Space)의 운영을 발표하였는데, 이는 학교 간 교육격차를 해소하고 양질의 교육자료를 쉽게 접근할 수 있으며, 교육에 IT를 접목시키고자 하는 싱가포르 정부의 노력을 보여주는 사례라 할 수 있다(주싱가포르대사관, 2017).

그림 5-17. 싱가포르 정부의 교육용 온라인 플랫폼(SLS: Student Learning Space)

출처: https://vle.learning.moe.edu.sg/login.

독일의 바이에른주 교육부는 학생들이 증가하는 디지털 세계에 올바로 적응할 수 있도록 하는 디지털 교육을 위해 '디지털 학교 2020(Digitale Schule 2020)' 시범학교를 총 8개교를 대상으로 3년 간 운영하겠다고 발표했다(한국교육개발원, 2017b). 시범학교 간 상호 경험을 지속해서 공유하고, 시범학교 운영이 종료되면 디지털 교육을 위해 개발한 전략과 콘셉트는 모든 일선 학교에 제공할 계획이다.

바이에른 주 디지털학교 시범학교인 Offenstetten 초등학교의 수업 모습

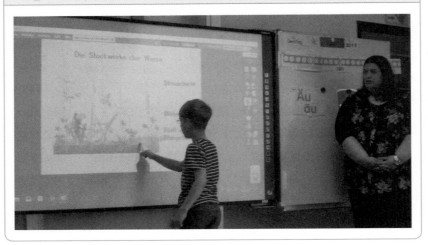

출처: https://bildungspakt-bayern.de/digitale-schule-2020/.

호주 연방정부에서는 미래의 세계를 살아갈 학생들이 학습해야 할 고차원적 사고능력을 일반역량 또는 메타 인지능력이라 정의하고 이를 길러주기 위한 학교혁신 프로젝트(Innovation and Best Practice Project, IBPP)를 추진한 바 있다(박삼철, 2016). 주요 특징으로는 학습자 집단의 유연성으로서, 무학년제를 표방하고 학습 속도나 수준에 따라 동질 집단 혹은 이질 집단으로 구성하여 탄력적인 학습 집단 구성을 한다는 것이다. 여러 교사들이 팀을 이루어 협력 교사에 의한 교수-학습, 생활 지도 및 상담 활동과 학교 밖의 다양한 교육자원을 실시간으로 활용하는 화상회의 시스템 등을 도입하고 프로젝트 중심 학습을 하는 것 등이다.

미국의 알트 스쿨(Alt School)은 Google의 직원이었던 맥스 벤틸라가 2013년 설립한 학교로 교육 스타트업 투자로 설립된 것이다. 주요 특징으로는 학습자의 흥미와 특성에 따라 반을 편성하고, 소규모로 운영된다는 마이크로 학교의 철학을 추구함에 따라 작은 집단 수업 및 맞춤화 수업을 제공하는 데 중점을 두고 있다. 그 외에 포트폴리오 기반의 학습과

첨단 정보 기술의 적극적인 활용이 특징이다. 또한 알트스쿨이 자체 개발한 다양한 소프트웨어나 어플을 활용하여 학생과 교사의 교수-학습을 지원하고 있다(계보경, 유지현, 2016). 2018년 알트 스쿨은 또 다른 변화를 시도하였는데, 기존에 운영하던 학교를 4개교만 남겨 실험학교(Lab school)로 혁신적인 교육 방법을 운영하고자 하였고 알트스쿨의 노하우를 담은 온라인 플랫폼을 제공하여 Partner School에 보편적인 솔루션을 제공하는 것을 목표로 한다고 밝히기도 하였다.

그림 5-19. 알트스쿨(AltScholl) 홈페이지 화면

미국의 칸랩 스쿨(Kahn Lab School)은 칸 아카데미의 설립자인 살만 칸에 의해 설립된 혁신학교로서, 그의 교육철학을 오프라인 현장으로 확산시키고자 2014년에 설립되었다(계보경, 유지현, 2016). 전통적인 학교와 달리 나이별로 학습 집단을 나누지 않고 초등학교 수준의 로어 스쿨(Lower School)과 중등학교 수준의 'Lab X'로만 구분하여 학습을 진행한다. 주요 특징으로는 시험 평가가 없으며, 크롬북 등을 활용한 협력 프로젝트 학습과 개개인의 관심과 흥미를 고려한 맞춤형 학습을 지향한다는 것이다.

그림 5-20. 칸랩 스쿨(Kahn Lab School)의 교실 수업

출처: https://khanlabschool.org/.

벤 넬슨(Ben Nelson)은 2012년 미국의 샌프란시스코에 물리적인 강의실과 같은 기존의 캠퍼스 시설이 없이 온라인으로 수업을 운영하는 '미네르바 스쿨(Minerva School)'을 설립하였다. 2014년에 처음으로 신입생을 선발하였는데, 최초 신입생 28명이 입학하였고, 2016년에는 306명의 신입생을 선발하였는데 전세계 50개국에서 16,000명의 학생이 지원하여 52.6:1의 경쟁률을 보였다. 대학의 교육과정은 100% 온라인 수업으로 운영되는 특징을 갖고 있으며, 4년 간 기숙사 생활을 하게 된다. 4년의 과정 동안 1년 단위로 전 세계 기숙사를 옮기며 생활하게 되는데 1학년은 미국, 2학년은 아르헨티나나 독일, 3학년은 인도나 한국, 4학년은 이스라엘과 영국에서 기숙사 생활을 하게 되어있다. 실시간 온라인 화상 강의를 통해 쌍방향적인 교수-학습이 이루어진다는 특징을 갖고 있다. 프로젝트 기반의 온라인 강의와 오프라인 중심의 소통 학습이 함께 융합되는 교육을 실현하고 있는 고등교육기관의 혁신 사례로 주목받고 있다.

그림 5-21. 미네르바 스쿨의 실시간 학습 장면

출처: https://youtu.be/Dd7s8tCSDHE.

핀란드의 경우 정부주도의 대표적인 미래학교 프로젝트로 '이노스쿨 (InnoSchool)'이 있다. 이노스쿨은 학습 장면에서 공부가 아닌 놀이의 측면을 강조하여 학습 환경을 조성하고 혁신적인 교수학습 방법을 적용하는데 관심을 두고 있다. 따라서 규격화된 학습을 위한 교실이 아닌, 학생들이 원하는 게임기반 학습이나 창의적 활동을 이끌어내기 위한 여러 가지물리적인 활동이 원활히 이루어질 수 있는 공간이 중시된다.

핀란드의 드림스쿨(Dream School)은 첨단 기술의 빠른 변화에 학교교육이 대응하기 위해서 학교 내 ICT 기술의 활용을 제고하고자 만든 첨단학교이다. 미국의 SOF와 비슷하게 핀란드 교육부와 국립교육위원회 등정부와 민간 기업인 IBM이 협력하여 프로젝트가 수행되고 있으며, 학습자 중심의 플랫폼을 구축하여 첨단 교육서비스의 연계와 확대를 목적으로추진하고 있다.

그림 5-22. 드림스쿨 시범학교인 까사부오렌 중학교 수업 모습

출처: EBS 뉴스(2014-07-08), https://youtu.be/3eZFJQ8evd8.

영국은 중학교 3,500개교를 대상으로 낙후된 학교 시설을 미래 지향적으로 개선하기 위한 미래학교 건축 프로젝트(Building Schools for the Future)를 추진했다. 21세기 교육 환경에 걸맞은 디자인을 학교 건축에 활용하고, 미래형 디자인이 학습자의 학업성취에 어떤 영향을 미치는지를 연구했다. 학교 내에서 이루어지는 학습자의 다양한 학습활동을 유연하게 지원하면서도 학교 간 규격과 상관없이 공통적으로 적용할 수 있는 융통성 등의 공간 속성에 관심을 두고 진행하였다(계보경 외, 2011). 이후에 BSF가 예산 효율성 문제로 2010년에 폐기되었으며, 영국 정부는 당장 재건축이 시급한 학교를 대상으로 학교를 수리해나가는 새로운 건축 계획을 수립하였다. 이는 우선순위 학교 건축 계획(Priority School Building Programme, PSBP)으로 2012년부터 2021년에 걸쳐 2단계에 나누어 총 537개교를 포괄하는 프로그램이다. PSBP 1단계는 2012년~2015년에 진행되었으며, 214개교는 교부된 재정(capital grant)으로 추진되며 고 46개교는 민간 자본(private finance)을 통해 진행되었다. PSBP 2단계는 2015년부터 추진되었으며 2021년까지 277개 학교 대상으로 진행 중에 있다(ESFA, 2014).

디지털 시대와 4차 산업혁명에
대비한 교육의 시대

대학 교육의
혁신 사례

대학 교육의 공개와 경쟁의 심화 : MOOC의 운영 사례

우리나라에서는 2015년 10년 한국형 온라인 공개강좌(K-MOOC)가 처음으로 출범하였고, 이제 2년이 조금 넘게 시간이 흘렀다. 제4차 산업혁명의 도래와 함께 세계적으로 MOOC은 이제 인류의 고등교육 시스템의 변화를 이끌어낼 새로운 학습 방식으로 등장하였다. 하지만 우리나라에서는 아직 K-MOOC의 열풍이 뜨겁게 나타나고 있지는 않은 상황이다. MOOC가 전 세계적으로 각광을 받고 있고, 새로운 고등교육의 학습 시스템으로 자리 잡고 있다는 점에서 우리나라의 시도는 매우 의미가 있다고 할 수 있다.

MOOC은 'Massive Open Online Course'의 줄임말로 '대량의 공개된 온라인 학습과정'을 의미한다. '대량(Massive)'은 학습과정이 다양하게 제공된다는 것과 함께 학습자의 제한이 없음을 동시에 의미한다. '공개(Open)'의 의미는 특정 대학에 소속된 학생들에게만 학습의 기회를 제공하는 것이 아니라 일반 대중에게 학습의 기회를 개방한다는 의미이다. '온라인(online)'은 학습의 기회가 시간과 장소의 구애를 받지 않고 웹을 통해 열려있다는 것을 의미한다. 즉 학습에 참여하는 방식이 제한되지 않는 유비쿼터스(ubiquitous) 학습 체제임을 뜻한다. '코스(Course)'는 학습이 정형화되어 있다는 것을 의미하며 교수자가 정해놓은 학습의 목표와 내용에 따라 학습자가 학습을 하게 된다는 것을 의미한다. 비정형화된 학습과는 달리 일정한 목표와 내용, 학습 결과에 대한 평가를 제공한다는 점에서 일반적으로 이루어지는 온라인 학습과는 차이를 보이고 있다.

MOOC는 학교의 구성원들에게도 도움을 주는 역할을 할 수 있다. 대학 본부의 입장에서는 재정여건이 어려워지는 상황에서 또 다른 학교 재정의 수익원으로서 긍정적인 효과를 줄 수 있다. 학생 입장에서는 우수 대학에서 제공하는 양질의 교육 콘텐츠에 대한 접근성을 보장받아서 학습의 기회를 늘려나갈 수 있다. 또한 연구자의 입장에서는 다양한 교습 방법을 데이터에 근거하여 검증할 수 있다는 점에서 다양한 교육 구성원들로부터 새로운 교육 플랫폼으로써 기대를 받고 있다.

MOOC의 유래가 2002년 파리에서 개최된 UNESCO의 '개발도상국의 고등교육에 대한 Open Course Ware의 영향'이라는 주제의 포럼에서 처음 등장한 공개교육자원(OER: Open Educational Resources) 운동에서 시작되었다고 보는 견해도 있다(기영화 외, 2017). 교수와 학습에 있어서 미디어의 형태, 거주지, 비용에 제한 없이 전 인류가 사용할 수 있는 교육 자료를 개발하자는 의지를 반영하여 OER을 제작하여 전 세계에 공유하자는 것이었다. 형식적으로 운영되고 수혜자가 제한되어 있는 고등교육 기관 안에 가두어진 각종 지식을 IT 기술 기반으로 외부에 개방하면서 국경 및 계층을 뛰어 넘어 모든 이에게 진정한 의미의 평생교육 기회를 제공하자는 것이었다.

한편 1999년부터 일부 대학에서는 각 대학이 보유하고 있는 다양한 강의 관련 자료를 온라인을 통해 공개하도록 하는 공개강의를 무료로 제공하기 시작하였는데 이를 온라인을 활용한 공개강의라는 의미에서 OCW(Open Course Ware)라고 표현하기 시작하였다. OCW 운동은 1999년에 독일의 the University of Tübingen에서 비디오로 녹화된 강의를 온라인 홈페이지에 게재하면서 시작된 것으로 알려져 있다. 하지만 2002년 가을학기부터 미국의 MIT(Massachusetts Institute of Technology)와 카네기멜론대에서 공개강의를 확대하면서 본격적으로 OCW가 확산되었다고 할 수 있다. MIT는 Charles M. Best 총장의 재임기에 원격 강의 시스템을 유료로 도입하는 방안을 논의하였는데, 원격강의를 유료로 도입할 경우 MIT가 원격강의 시장에서 겨우 10위권에 머물 것이라는 컨설팅 결과를 받았다. 이에 격분하여 한 교수가 '그냥 무료로 제공하자(just giving away)'라는 안을 내 놓았고, MIT가 이를 받아들여 강좌를 무료로 제공하기 시작하였다(김자미, 구양미, 김용, 2014). 이후에 비슷한 공개 강의가 예일대, 유타주립대, 미시간대, UC Berkeley 등으로 확대되었다.

이렇게 시작된 OCW는 전 세계 누구나 인터넷을 통해 본인이 대학에서 제공하는 강의 자료들에 접근하여 활용할 수 있게 되었다. 또한 교수자의 입장에서는 자신이 원하는 교육자료를 이용하여 새로운 교육과정을 개발함으로써, 교수학습 방법의 질적 개선이 가능할 수 있게 되었다. 국내에서는 2004년부터 한국교육학술정보원(KERIS)의 주관 하에 국내 일반 대학 및 원격 대학에서 개발한 고등교육 수준의 자료를 무료로 공개하고 함께 공유할 수 있는 KOCW(Korea OpenCourseWare) 시스템을 구축하여 운영하고 있다. KOCW 홈페이지에는 2018년 1월 현재 국내의 187개 대학과 23개 기관 등 210개 기관이 참여하고 있으며, 해외에서도 12기관이 참여하여 총 32,434개 강의와 398,028개 강의자료가 탑재되어 있다. 자료를 세부적으로 살펴보면 동영상이 143,650개(56.9%), 문서가 70,662개(28%), 이러닝 자료가 34,682개(13.7%), 기타 자료가 3,248개(1.3%)로 구성되어 있다.

OER과 OCW의 개념은 더욱 발전하여 2011년 MOOC의 형태로 나타나기 시작한다. 2011년 가을 미국 스탠퍼드대의 Sebastian Thrun 교수는 스탠포드 대학교 학생들이 수강하는 인공지능 개론(Introduction to AI) 강좌를 일반인들이 무료로 들을 수 있게 온라인을 통해 공개하였는데, 전세계 190여 국가의 16만 명의 학생이 수강하였다. 그리고 같은 학교의 Andrew Ng 교수는 기계학습(machine learning) 강좌를 개설하여 일반인에게 공개하였는데, 10만 명이 이 강좌를 수강하였다(최진숙, 2014).

이후 온라인 강좌의 잠재력을 인지한 스탠퍼드대의 Sebastian Thrun 교수는 Udacity를, Andrew Ng 교수는 Coursera를, Harvard University와 MIT는 공동출자로 edX를 설립하였다. 이와 더불어 Salman Khan이 설립한 Khan Academy는 '전 세계 어디서라도 누구에게나 최고 수준의 무료 교육을 제공한다.'는 목표 하에 K-12 교육에 해당하는 다양한 무료 동영상 강의를 유튜브를 통해 공개하면서 온라인 고등교육 시장의 혁명이 시작되었다(방송통신진흥본부, 2014).

세계적인 3대 MOOC은 모두 미국에서 운영하고 있다. 미국에서 운영하고 있는 MOOC인 Coursera, edX, Udacity는 모두 2012년에 서비스를 시작하였다. Coursera는 미국의 스탠퍼드대 컴퓨터공학과 Andrew Ng 교수와 Daphne Koller 교수가 공동으로 설립한 영리교육회사로서 세계 최대의 MOOC라고 할 수 있다. 예일대, 프린스턴대, 컬럼비아대, 미시간대, KAIST 등 총 114개 기관의 839개 강좌 개설, 사용자는 약 1,000만 명 이상이 학습하고 있는 것으로 잘 알려져 있다. edX는 미국의 MIT와 Harvard 대학교가 3,000만 달러씩을 투자하여 설립한 비영리 교육법인이다. Udacity는 미국의 스탠퍼드대의 Sebastian Thrun 교수가 벤처기업의 투자를 받아 설립된 영리 교육회사이다. Udacity는 다른 MOOC와는 달리 기업들을 파트너로 선정하고 있어서 기업과 연계된 강좌들을 운영한다는 특징을 갖고 있다.

미국 이외의 국가에서도 MOOC를 자체적으로 운영하고 있다. 영국의 경우에는 2012년 12월부터 영국 공립 Open University가 주도하여 FutureLearn을 운영하고 있다. 브리스톨대, 에버딘대 등 영국대학을 중심으로 연세대, 성균관대 등이 참여하여 운영하고 있다. 프랑스의 경우에는 2013년 10월 정부(고등교육 및 연구부)와 공공기관(INRIA, CINES)이 FUN(France Universite Numerique)을 설립하여 정부 주도 서비스를 구축하고 운영하고 있다. 독일의 경우에는 2011년 훔볼트대 학생 조나스 리프만(Jonas Liepmann)이 독일 청년창업투자 프로그램(EXIST)의 자금지원으로 설립하여 2013년 10월부터 서비스를 하고 있는데 뤼베크 대학, 오스나브뤼크 대학 등이 참여하고 있다. 중국의 경우에는 해외 MOOC를 현지화하여 운영하는 특징을 갖고 있다. 학습의 플랫폼은 중국어로 운영하고, 강좌는 중국어 자막과 영어 자막을 제공하는 방식이다. Coursera Zone은 중국 검색포털(163.com) 운영 기업인 NetEase가 미국의 Coursera

디지털 시대와 4차 산업혁명에
대비한 교육의 시대

를 번역하여 제공하고 있다. 슈에탕X(XuetangX)는 칭화대에서 2013년 10월에 설립하였는데 미국 edX의 중국어 버전이라고 할 수 있다. 일본은 기업과 대학이 각각 플립드 러닝에 활용할 목적으로 설립하여 운영하였고, 민간비영리단체인 JMOOC 협의회에서 공식 서비스 제공자를 인증하는 방식이다. 3개의 MOOC이 가장 유명한데, Gacco는 정보통신기업인 NTT Docomo이 설립하였고, Open Learning Japan은 이러닝기업인 Net Learning이 설립하였으며, OUJ MOOC은 Open University of Japan 이 설립하여 운영하고 있다. Gacco는 도쿄대, 오사카대, 메이지대 등이 참여하고 있다.

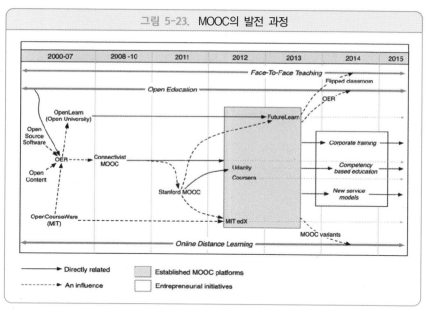

그림 5-23. MOOC의 발전 과정

출처: 위키피디아(2017), Retrieved from https://en.wikipedia.org/wiki/Massive_open_online_course.

MOOC는 다양한 방식으로 활용되고 있는데 최근 우리나라에서도 정책적으로 한국형 나노디그리 사업을 추진하고 있다. 한국형 나노디그리 사업은 MOOC을 보다 적극적으로 활용하는 형태라고 할 수 있으며 나노디그리(Nanodegree)는 Udacity가 기업과 연계하여 운영하고 있는 묶음형 학습 패키지이다. 이렇게 MOOC의 강좌를 묶음형으로 운영하는 것은 미국의 edX, Coursera, Udacity에서 모두 운영하고 있다.

edX는 구체적인 주제에 대해서 초급수준부터 고급수준까지 약 3-10개의 강좌를 묶어서 운영하여 학습자의 전문성을 향상시키려는 묶음 강좌를 운영한다. 이 묶음 강좌에는 XSeries와 MicroMaster 과정이 있다. XSeries 프로그램은 Harvard 대학교, University of Michigan, MIT 등의 대학과 기업들과 W3C(The World Wide Web Consortium) 등의 협력단체가 개발하여 운영하고 있다. 유사한 주제에 대해서 여러 강좌를 묶어서 제공한다는 점에서 XSeries와 MicroMaster는 유사한 측면이 있지만 가장 큰 차이점은 MicroMaster 강좌를 이수하였을 경우 강좌 개발 기관에서 학점인정이 가능하다는 것이다(Shah, 2016).

Coursera는 영리를 추구하는 기관답게 일반 Coursera 사이트 이외에도 'Coursera for Business'라는 기업용 교육 사이트를 2016년 8월 31일 오픈하여 운영하고 있다. 'Coursera for Business'는 기존 Coursera의 대학 및 기업이 개발한 강좌를 활용하여 기업이 필요로 하는 강의와 영상을 별도로 선별, 강좌를 구성하고 등록된 기업의 구성원에게만 강좌를 공개하는 형식으로 운영하는 것이다. 특정 기업의 맞춤형 홈페이지를 제공하는 것은 물론이고, 기존의 기업 계정과 연동하여 로그인이 가능하고, 기업의 교육 담당자는 직원들의 실제 강의 등록 여부, 영상 시청 분량 등의 분석 및 관리 기능을 갖추고 있다.

Udacity에서 기존의 MOOC 강좌들을 묶음형 프로그램으로 운영하는 것이 나노디그리 프로그램이다. 나노디그리 프로그램은 기업체가 요구하는 강좌들의 묶음이다. 각 분야별 전문가가 강좌를 가르치며, 학습자들은 개별적인 멘토링, 프로젝트 리뷰, 교수자와의 정기적 만남을 체험할 수 있다는 특징을 갖고 있다. 나노디그리 프로그램이 다른 MOOC의 묶음 강좌와 다른 차이점은 기업체가 직접 개발한 강좌를 이수함으로써, 학습자가 강좌를 이수한 경력이 취직 및 이직에 도움을 줄 수 있다는 것이다. 하나의 과정으로서 나노디그리 프로그램을 이수하기 위해서는 6개월에서 12개월이 소요되며, 한 달에 약 200달러의 비용이 필요한데, 1년 이내에 이 프로그램을 모두 이수하면 절반정도의 금액을 돌려주는 인센티브 정책을 실시하여 학습자들의 이수 동기를 높이고 있다.

MOOC의 효용성은 매우 크다고 할 수 있다. 특히 학습자, 교수자, 강좌 개설대학이나 기관 모두 MOOC를 통해 혜택을 받을 수 있다. 학습자의 측면에서는 본인의 필요에 따라 다양한 교육 활동을 할 수 있다는 점이다. 평생학습의 기회가 제한되어 있는 성인학습자뿐 아니라 미래의 진로를 고민하는 중학생과 고등학생들에게도 다양한 학습을 할 수 있도록 보장해 준다는 점이다. 국내외의 여러 대학이 개발한 MOOC 강좌를 검색하고 선택하면서, 자신에게 필요한 강의를 선택할 수 있는 맞춤형 학습을 할 수 있다. 고령화의 심화로 인한 생애주기의 변화로 성인학습자들은 제2, 제3의 직업을 찾아야 하는 어려움을 겪고 있으며, 제4차 산업혁명의 도래로 인해 일자리 지형이 바뀌는 것도 평생학습의 필요성을 높이는 요인이 되고 있다. 교수자의 입장에서도 MOOC 강좌를 활용함으로써 다양하고 풍부한 교수학습 자료를 제공할 수 있으며, 온라인 기초 교육 후 오프라인 고급 교육을 하는 플립드 러닝(Flipped Learning) 방식을 적극적으로 활용할 수 있다는 장점이 있다.

MOOC 강좌의 개설기관은 MOOC 강좌를 수강하는 학습자와 관련된 빅데이터를 확보할 수 있다는 장점이 있다. MOOC 강좌를 수강하는 학습자들이 어떤 학습내용을 선호하고, 학습활동에 어떻게 반응하는지 등에 대한 빅데이터를 확보하고, 이를 분석하여 Off-line 기반의 수업을 혁신할 수 있는 중요한 자료를 얻을 수 있다. 이러한 학습 성과분석을 통해 대학의 교육과정을 더욱 개선해 나갈 수 있을 것이다. 그리고 묶음형 프로그램을 통해 기업과 연계된 산학협력 프로그램을 개발하고, 이를 통해 수익을 창출할 수 있다는 장점을 갖고 있다. MOOC를 수강하는 학습자들을 해외로 확대할 수 있다면 이를 통해 미래 입학자원을 확보할 수 있다는 점도 고등교육의 국제 경쟁 확대에 중요한 장점이 될 수 있을 것이다.

미국 대학의 혁신 : 애리조나 주립대학교(ASU)와 스탠포드 대학교 사례

최근 미국의 대학교 중에서 혁신의 아이콘은 애리조나 주립대학교라고 일컬어지고 있다. 2009학년도 이후 등록 학생 수 기준으로 미국 공립대학교 중 가장 큰 규모의 대학으로 발돋움하였다. 전공, 학과, 단과대학간의 폐쇄적인 조직구조와 학문의 경계를 허물어서 융복합 교육과 연구의 기틀을 마련하였다. 특히 일반적인 대학교의 전형적인 구조라고 할 수 있는 4년간의 교육기간, 교수와 학생의 면대면 교육 체제를 바꿈으로써 미국에서 가장 파괴적 혁신을 이룬 주립대학으로 일컬어지고 있다. 애리조나 주립대학교는 2018년에 미국의 언론사인 U.S. News & World Report에서 선정하는 가장 혁신적인 대학교("Most Innovative Schools" ranks) 순위에서 3년 연속으로 1위를 차지하였다. 2018년 순위에서 2위가 Stanford, 3위가 MIT라는 것을 볼 때 상당한 위치임을 알 수 있다. 특히 이 순위는 대학의 총장, 학장, 입학처장을 대상으로 하는 설문조사의 결과라는 점에서 더욱 큰 의미를 갖는다.

애리조나 주립대학교의 이러한 혁신은 총장으로 2002년 취임하여 16년 이상 재임하고 있는 마이클 크로우(Michael Crow) 총장의 강력한 리더십의 결과로 평가받고 있다. 크로우 총장은 "The New American University"라는 비전을 제시하고, 대학 교육의 포용성(inclusiveness), 적응적 학습(adaptive learning)과 새로운 테크놀로지의 도입을 추진하였다. 교육과정 및 학습방법의 혁신을 통해 학생수가 증가하였고, 졸업률이 지속적으로 개선되는 등 대학교육 혁신의 성과를 거양했다는 평가를 받고 있다. 결과적으로 중요한 대학의 성과지표인 졸업생 취업률, 졸업률, 연구비 규모 등에서 급속한 발전을 이루고 있는 대학이다. 기업체나 외부교육기관과의 활발한 연계를 통해 학교운영 및 혁신에 관련된 지원을 확보하고 있다. 학교와 관련된 기업들과의 협약을 통해 학내 학생일자리 창출과 학생장학지원 사업을 활발히 벌이고 있으며, 지역 내 중고등학생에 대한 진로교육 프로그램(Me3)을 통해 저소득층 학생들의 대학 진학율을 높이고 있다.

크로우 총장이 애리조나 주립대학교를 변화시킨 대표적인 혁신 사례는 크게 3가지로 나누어 볼 수 있다. 첫째, 융합형 교육과정 운영을 위한 학과 구조조정이라고 할 수 있다. 기존의 독립된 학과별 운영 방식의 학사제도는 기본적으로 분절적인 구조로 인한 단절현상이 나타날 수밖에 없다. 크로우 총장은 학사운영의 원칙을 학문영역에 바탕을 둔 학과나 전공운영이 아닌 대학의 주도하에 새로운 융합형 교육과정의 운영을 위해 학과의 통폐합을 시행하였다. 2006년부터 2016년까지 69개 학과를 없애고 30개 학과를 새로 만들었으며 전통적인 단과대학의 개념에서 벗어나, 약 16개의 새로운 학제 간 교육을 위한 단과대학을 신설하였다. 예를 들어 신설한 단과대학은 '학제적 예술과학대학(New College of Interdisciplinary Arts and Sciences)', '지속가능발전대학(School of Substantiality)', '사회변혁의 미래대학(School for the Future of Innovation in Society)' 등이 있다.

둘째, MOOC를 활용하여 교양교육을 혁신하고 재학기간을 3년으로 단축시킨 것이다. 신입생이나 예비 신입생이 무크를 통해 제공한 프로그램을 수강함으로서 1학년을 과정을 이수하도록 하는 것이다. 2015년 7월 애리조나 주립대학교는 '글로벌 신입생 아카데미(Global Freshman Academy)'를 도입하였는데, 미국의 대표적인 무크인 에덱스(edX)를 통해 정규학점 인정이 가능한 12개의 신입생용 교양과정을 온라인으로 제공하는 것이다. 신입생이 에덱스(edX)에서 제공하는 과목을 선택하면 49달러를 내고 등록하거나 청강생(Audit)으로 선택해서 무료로 수업을 들을 수 있다. 또한 온라인으로 수강을 한 후에 수료증을 받게 되면 과목당 600달러를 지불한 후에 애리조나 주립대학교의 정규학점으로 전환하여 학점을 취득하게 된다. 미국 고등학생이 미리 무크를 통해 모두 이수할 경우 입학 직후 애리조나 주립대학교의 2학년부터 시작할 수 있게 되는 것이다.

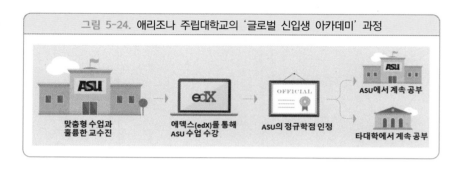

그림 5-24. 애리조나 주립대학교의 '글로벌 신입생 아카데미' 과정

셋째, 새로운 테크놀로지를 활용하여 학생들의 학사지도를 혁신하여 졸업률을 높인 것이다. 애리조나 주립대학교는 2006년부터 학생에 대한 개별적인 맞춤형 학습, 생활지도가 가능한 이어드바이저(eAdvisor)를 개발하기 시작하였고, 현재 업그레이드된 시스템으로 운영하고 있다. eAdvisor는 컴퓨터의 데이터 베이스를 활용하여 학생들이 자신이 관심 있는 분야의 전공을 찾을 수 있도록 도움을 주며, 가장 효율적인 시간과 수업에 대해 조언을 해 주고 있다. 예를 들어 학생이 전공 수업에서 성적이 낮게 나오면 학업지원을 받거나 다른 학과로의 이전을 고려하도록 조언해 주게 된다. 이 시스템을 통해 대학생들은 본인의 적성과 진로와 연관된 과목을 수강할 수 있고 학업성취나 학교생활에 이상이 있는 경우 지속적인 상담을 받을 수 있어 4년 이내 졸업률을 높일 수 있게 되었다. eAdvisor를 통해서 대학의 학사지도교수는 개별 학생의 성장을 쉽게 모니터링 할 수 있으며, 도움이 필요한 학생에게 더욱 집중할 수 있게 되었다. 애리조나 주립대학교에서 제시하고 있는 eAdvisor의 성과를 살펴보면, eAdvisor를 적용한 코호트와 이전의 코호트를 비교했을 때, 4년내 졸업률(four-year graduation rate)이 약 9% 이상 증가한 것으로 나타났다. 애리조나 주립대학교에서는 eAdvisor를 도입함으로써, 매해 7.3백만 달러의 학생 상담

비용(advising costs)이 절감되었으며, 6.5백만 달러의 학습지원 비용이 절감되었다고 발표하였다.

  미국 캘리포니아 주에 위치한 전통적인 연구중심 명문학교인 스탠퍼드 대학교는 미국의 언론사인 U.S. News & World Report에서 선정하는 가장 혁신적인 대학교("Most Innovative Schools" ranks) 순위에서 2018년에 2위를 차지할 정도로 지속적인 대학교육의 혁신을 이루고 있는 것으로 평가받고 있다.

  스탠퍼드 대학교가 최근 혁신적이라고 평가받는 가장 큰 이유는 대학의 교육과정을 통해 학생들로 하여금 도전 정신과 창업자 정신을 경험하고 이를 실현할 수 있는 학교의 지원을 체계화했다는 점이다. 학교 내 Hasso Plattner Institute of Design을 통해 학생들이 디자인 싱킹(design thinking)을 실제로 경험해 혁신가가 될 수 있도록 지원하고 있다. 이 기관은 학생들로 하여금 혁신적으로 창조적으로 사고하는 방법을 가르침으로써 학생들이 혁신가가 되는 것을 목표로 설정하고 있다. Hasso Plattner Institute of Design에서는 여러 분야(의학, 공학, 법, 경영, 과학, 인문학, 교육학 등)의 교수 및 학생들이 함께 실생활의 문제들을 함께 풀어나감으로써 혁신적인 사고역량을 기를 수 있는 기회를 제공하고 있다.

  스탠퍼드 대학교는 실리콘 밸리를 비롯한 산업계와의 연계성을 높이기 위해 학교와 산업체와의 교류를 촉진하는 정책을 시행하였다. 교수들에게 산업체에서 일하거나 벤처 기업을 시작할 수 있도록 2년간의 휴직이 가능하도록 허용하고 있다. 이러한 정책은 교수진이 외부에서 경험한 실제 세상의 모습이 학생들의 교육에 도움이 될 것이라는 믿음에 근거하고 있다. 교육과정에 있어서 인문학(liberal arts)과 전공분야의 기술교육(technical education)의 균형을 중시하며, 문제해결능력이나 비판적 사고역량을 높이는 수업을 지향하고 있다. 또한 학생들로 하여금 자유교양, 기술교육 및 인문학을 통합하는 학제간 수업에 참여하도록 강조하고 있다.

  스탠퍼드 대학교는 연구 분야에서 정부의 재정지원에 크게 의존하는 대학으로 NSF(National Science Foundation)을 비롯한 정부부처(교육부,

국방부, 농림부, 보건복지부 등)로부터 연구 및 교육에 필요한 지원을 받고 있다. 교육 프로그램과 관련한 재정사업도 다양하게 지원받고 있다. 인재양성과 관련하여 대표적인 NSF의 고등교육 재정지원사업인 IGERT (Integrated Graduate Education and Research Traineeship)3)에 참여하고 있다. 과학기술 연구의 새로운 학제간 연구 수행 문화를 촉진하며 학교의 연구소와 기업과의 연계를 강화하기 위한 정부의 재정지원사업인 ERC (Engineering Research Center)사업에 참여하고 있다.

---

3) 학제간, 다학문적 STEM 프로그램에 참여하고 있는 대학원생에 대한 지원사업.

디지털 시대와 4차 산업혁명에
대비한 교육의 시대

PART 06

새로운 교육의 시대를
맞이하며

이제 미래 사회를 교육의 시대로 규정하고자 한다. 인간의 수명은 100세를 넘어 어디까지 이를지 모를 정도로 점차 길어지고 있다. 하나의 대학 전공을 가지고 평생을 살 수 있는 시대는 사라지고 평생에 걸쳐 새로운 지식과 정보를 습득하고 이를 활용하여 살아가야 하는 진정한 평생학습의 시대가 도래하였다. 새로운 지식과 정보를 암기하고 이해하는 기본적 학습 능력을 바탕으로 새로운 지식을 창조할 수 있는 창의적 인재를 필요로 하고 있다. 교육의 중요성은 더욱 강조되며 이를 위해 교육의 패러다임이 바뀌어야 하는 새로운 교육의 시대가 도래한 것이다.

미래를 대비한 교육을 위해서는 목표와 방향, 방법이 모두 변해야 하는 상황에서 전면적인 교육 시스템의 혁신이 요구된다. 사회 구성원의 합의를 바탕으로 교육의 장기적인 비전을 설정하고, 교육제도 전반에 대한 창조적 디자인이 필요하다. 대한민국의 새로운 교육체제의 창조를 위한 사회적 합의와 혁신의 과정을 통해 교육선진국을 향한 담대한 전진을 시작해야 할 것이다.

새로운 교육의
시대를 맞이하며

　이제 미래 사회를 '교육의 시대'로 규정하고자 한다. 인간의 수명은 100세를 넘어 어디까지 이를지 모를 정도로 점차 길어지고 있다. 하나의 대학 전공을 가지고 평생을 살 수 있는 시대는 사라지고 평생에 걸쳐 새로운 지식과 정보를 습득하고 이를 활용하여 살아가야 하는 진정한 평생학습의 시대가 도래하였다. 이제 지식을 암기하고 이해하는 수준이 어느 정도인지에 따라 우수한 학습자를 평가하는 시대는 멀어져가고 있다. 지식과 정보를 암기하고 이해하는 것은 인공지능을 활용해도 되는 시대에 이른 것이다. 새로운 지식과 정보를 암기하고 이해하는 기본적 학습 능력을 바탕으로 새로운 지식을 창조할 수 있는 창의적 인재를 필요로 하고 있다. 교육의 중요성은 더욱 강조되며 이를 위해 교육의 패러다임이 바뀌어야 하는 새로운 교육의 시대가 도래한 것이다.

　현재 학교제도는 산업화 시대의 산물이며 모든 시민을 대상으로 교육의 권리를 향유하도록 설계된 제도이다. 학교제도가 운영되기 이전에는 교육이 일부 특권 계층에게만 향유되던 것이었는데, 모든 시민이 교육의 혜택을 받게 되었다는 점에서 민주주의의 구현에 기여한 바가 크다. 그런데 모든 시민을 위한 교육 체제를 만드는 과정에서 어쩔 수 없이 포기할 수밖에 없었던 중요한 가치는 맞춤형 교육이다. 학교라는 대량교육(mass education)을 설계하는 과정에서 한 명의 교사가 여러 명의 학생을 가르치는 구조가 결정되었고, 교육과정과 교육평가도 공급자 중심으로 설정된 것이다.

학습이 제대로 이루어지려면 학생 개인의 흥미와 소질, 적성, 학업 이력과 수준, 학습의 속도가 진단되고 이에 따른 처방이 이루어져야 하는데도, 학교에서는 이미 정해진 교육과정에 따라 수업을 진행하고 그 결과에 대해 평가를 진행한다. 이러한 문제는 학교제도가 처음으로 도입될 때부터 지속되어 온 시스템적 문제이다. 이를 보완하기 위해 다양한 방식으로 수업 방식을 변화시키고자 노력해왔으나, 아직도 교실의 수업 상황에서 학생들이 소외되는 현상은 극복되지 못한 과제로 남아 있다.

맞춤형 교육이란 개별 학습자의 학업성취 수준, 심리 특성, 가정 환경 등을 종합적으로 고려하여 개별 학습자에게 가장 적합한 학습경험을 제공하는 다양한 방식의 교수지원을 의미한다. 교육의 원형(原形)을 구현하기 위한 목적으로 '맞춤형 교육을 통해 모든 학생이 학습에 성공하는 것'을 상정해볼 수 있다. 한 명의 교사가 여러 명의 학생을 대상으로 강의식 수업을 진행하는 것은 아주 오랫동안 지속되어 온 교육 방식이지만 미래를 위해 극복해야 할 중요한 과제이다.

제4차 산업혁명이 가져올 사회 변화에 대응하기 위해 학교 시스템의 변화 방향으로 "개인별 학습 시스템"을 제안하였다. 개인별 학습 시스템은 학교의 역할을 재규정하는 것부터 시작해서 교육과정, 교수·학습 과정, 평가방식, 교사의 역할 등 학교교육 체제를 구성하는 요소들의 총체적인 전환을 요구한다. 개인별 학습 시스템을 구축하려면 학교 자체의 변화도 중요하지만 교육제도의 변화 역시 중요하다. 개인별 학습 시스템이 운영될 수 있는 기반이 되는 제도적 변화가 함께 이루어져야 하는 이유는, 학교가 교육제도의 틀 안에서 운영되는 하위 시스템이기 때문이다. 제도적 변화의 가장 핵심적인 요소로 교육제도 운영의 철학, 학교제도, 입학제도, 학교 시설의 변화를 제시하였다.

초등학교부터 중학교, 고등학교, 대학교에 이르기까지 거의 대부분의 교육과정은 학습해야 할 분량을 교육의 공급자가 설정하고 있다. 교육의 공급자는 국가, 교육청, 대학, 교수, 교사 등이다. 학교에 따라 학습자는 학교나 전공, 과목에 대해서 일부 선택이 허용되고 있지만 실제 교육내용에 대해서는 공급자가 설정하게 된다. 교육과정의 목표는 그 내용을 암기하고 이해하는 것이 대부분이다. 교육내용을 적용하고 분석하고 종합하여 평가하는 과정에서 고차원적인 학습은 상당히 제한적으로 이루어지고 있다. 평가는 교육내용을 제대로 암기하고 이해했는지에 대해 주로 이루어지고 있다.

학교에서 이루어지고 있는 암기위주의 학습에 대한 비판은 오래전부터 지속되어 왔다. 이를 극복하기 위한 다양한 시도들이 이루어져 왔지만 결과적으로 큰 성과를 거두지 못하고 있는 상황이다. 다른 한편에서는 창의적 교수법을 활용하여 이를 극복하려고 하고, 평가의 문제를 극복하기 위해 수행평가를 시행하기도 한다. 암기위주의 교육은 무조건 나쁘다는 주장도 제기되고 있으며 지식에 관해 묻는 객관식 평가는 잘못된 것이라는 비판도 있다. 미래교육은 고차원적인 지식이 중요하며, 객관식 평가를 폐지하고 서술형 평가를 하는 것이 미래형 교육이라는 주장이 이러한 근거를 바탕으로 한다.

하지만 고차원적인 지식은 지식을 암기하고 이해하는 바탕 위에서 가능하다는 점을 간과해서는 안 된다. 우리 교육이 가진 근본적인 문제는 어떤 분야에서든 제대로 된 지식 교육도 이루어지지 않고 있다는 점이다. 암기와 이해는 개인 학습자의 몫으로 치부하고 학습에 뒤떨어진 부분은 본인의 노력으로 극복해야 한다고 여긴다. 그래서 우리나라의 고질적인 사교육비 문제도 발생하고 있는 것이다. 개인별 학습 격차를 극복하고 고차원적인 학습이 이루어질 수 있도록 하는 것도 공적 교육제도의 영역으로 이해할 필요가 있다. 개인별 학습 시스템 구축이 필요하다는 주장은 지식의 암기와 이해에 해당하는 영역에 있어서 국가의 책임을 강조하는 것이다.

한 명의 교사가 다수의 학생을 강의하는 방식으로 지도하는 현재 교실의 수업 상황에서는 개인별 맞춤형 학습을 구현하기 어려운 점이 있다. 학습자의 학습 이력이나 학습 속도에 맞춘 학습 지원을 위해서는 인공지능과 빅데이터를 활용하는 방식이 필요하다. 최근 에듀테크의 발전으로

디지털 시대와 4차 산업혁명에
대비한 교육의 시대

이러한 맞춤형 학습 지원이 가능하게 되었다는 점은 개인별 학습 지원이 성공적으로 수행될 수 있다는 것을 보여주고 있으며, 국내외의 혁신적 교육 사례들은 이러한 시도를 적극적으로 실천하고 있다.

더욱 강조되어야 할 부분은 교수와 교사 등 교수자의 역할이라고 할 수 있다. 그동안 학습자가 암기하고 이해할 수 있도록 강의를 하고 평가를 하는 역할을 넘어서 고차원적인 학습이 이루어질 수 있도록 하는 혁신적 변화가 필요하다. 토론식 수업, 프로젝트 수업, 창의적 수업 등은 기초적인 지식을 암기하고 이해하는 것이 바탕이 될 때에만 가능하다. 이를 거꾸로 수업(flipped learning)이라고 표현하기도 한다.

개인별 학습 시스템은 미래형 교육의 이상적인 방향으로 볼 수 있다. 현재의 교육 여건에서 당장 모든 학교에 적용하기에는 한계를 지닌다. 개인별 학습 시스템을 만들어가기 위해서 제도적인 부분의 변화와 함께 교육 현장의 변화도 이루어질 수 있도록 교육주체들이 다음과 같이 혁신해 나가야 한다.

첫째, 교육 패러다임의 전환을 위해서 교사의 변화가 무엇보다 중요하다. 19세기의 학교에서 20세기의 교사가 21세기의 학생들을 가르치고 있다는 말은 현재의 교육제도가 가진 한계를 여실히 드러내는 표현이다. 교사가 미래형 교육의 핵심적인 역할을 해야 한다. 개인별 학습 시스템은 교수·학습 활동의 중요한 주체인 교사의 역할에 대한 근본적인 재규정에서 시작될 수 있다. 학습의 목표를 설정하여 학생들에게 지식을 전달하고 학생들이 암기하고 이해한 수준을 평가하여 알려주는 기존의 역할을 새롭게 대체할 필요가 있다. 교사는 학생들이 지식을 암기하고 이해한 바탕 위에서 그 지식을 적용하고, 분석하고, 종합하고, 평가할 수 있는 고차원적인 학습이 이루어질 수 있도록 해야 한다. 대학과 대학원에서는 더 나아가 새로운 문제를 해결할 수 있는 지식의 창조에 이를 수 있도록 학습을 촉진해야 한다. 교사의 새로운 역할에 대한 재개념화를 바탕으로 교사가 갖추어야 할 역량에 대해 재설정하고, 이에 따라 예비교사 양성을 위한 교육 내용과 방법, 신규 교원의 임용방식, 현직 교원의 재교육 과정이 모두 혁신적으로 변화해야 할 것이다.

둘째, 학부모의 교육적 관점의 변화가 필요하다. 자녀 교육에 대해 경쟁의 관점이 너무 지배적으로 작용하고 있어서, 자녀가 교육 경쟁에서 우월적인 위치에 설 수 있도록 과도한 교육적 관심을 기울이고 있다. 아이들이 자라는 모습을 대나무의 성장에 비유해볼 수 있다. 대나무는 씨앗의 상태로 땅속에서 5년을 보낸다고 한다. 대나무 씨앗은 겉으로 보이지는 않지만, 땅속에서 뿌리를 내리면서 자리를 잡고 미래를 준비하는 기간을 보낸다고 한다. 하지만 대나무는 땅 위로 솟아오르는 순간부터 극적으로 빠르게 성장한다. 하루에 30센티미터 이상 자라기도 하고, 서너 달 후에는 키가 수십 미터 높이에 이르기도 한다. 특히 죽순의 상태는 아이들의 모습과 비슷한데 성장의 청사진처럼 작은 죽순 속에 완전히 성장했을 때의 모든 마디를 다 담고 있다고 한다. 아이들이 저마다 자신의 소질과 적성을 가지고 있는 것과 마찬가지이다. 부모의 역할은 대나무가 자라는 것을 지켜보듯이 자녀의 소질과 적성이 발현되기를 참고 기다리는 것이다. 하지만 많은 부모들은 아이들을 대하는 데 있어서 항상 조급해한다. 더 빨리, 더 많이, 더 잘하기를 바라는 부모의 마음은 모두 다르지 않다. 우리 아이가 뒤처지지 않기를 바라는 마음이 때로는 자녀에게 부담이 되기도 하고, 자연스러운 성장과 발달에 방해가 되기도 한다. 부모의 조급함을 비유하는 표현을 살펴보면, 맹자(孟子)에 나오는 '발묘조장(拔苗助長)'이 적절하다. 발묘조장은 억지로 싹을 뽑아서 자라도록 도와준다는 뜻으로, 원래는 군주가 백성을 통치할 때의 조급함을 비유한 것이다. 어느 농부가 씨를 뿌리고 싹이 자라지 않아서 도와주려는 마음에 싹을 뽑아 키를 높여 놓았는데 다음 날 가보니 모두 말라죽어 있었다는 이야기이다. 자녀 교육도 새싹을 틔우고 자라도록 하는 것과 같다. 부모의 조급함이 자녀 교육에 나쁜 영향을 줄 수 있음을 항시 경계해야 할 것이다.

셋째, 미래를 위한 교육정책과 제도의 구현을 위해서는 정권을 초월하여 장기적인 관점에서 추진해 나갈 필요가 있다. 그동안 우리나라에서는 정치적 변동에 따라 교육 정책이 너무도 쉽게, 자주 바뀌어 왔다. 교육

디지털 시대와 4차 산업혁명에
대비한 교육의 시대

이념과 철학에 따라 정책이 바뀌고 이로 인해 구성원 간 갈등이 지속되어 왔다. 교육은 '백년지대계(百年之大計)'라는 말이 무색할 정도로 정책과 제도를 계속 바꾸는 상황을 극복해야만 우리 사회의 미래 교육을 만들어갈 수 있을 것이다. 정권을 초월하여 미래의 교육 비전과 정책 과제를 도출해 나갈 수 있는 제도적 기반을 마련할 필요가 있다. 다양한 교육 주체가 참여하여 미래 교육에 대해 논의하고 사회적 합의를 도출하는 과정이 필요하다. 교육주체의 신뢰를 얻을 수 있는 교육정책이 성공을 담보할 수 있을 것이다. 현실의 문제를 해결하기 위한 새로운 교육 패러다임을 만들어가는 것은 결코 쉬운 일이 아니다. 적용 과정에서 나타나는 다양한 반대와 부작용도 고려해야 할 것이다. 따라서 실험적 접근을 통해 성공 사례를 만들어가는 것이 중요하다. 실험적 접근의 성공 사례는 학교제도 개선 과정에서 중요한 동력으로 작용할 수 있기 때문이다.

넷째, 개인별 학습 시스템으로의 전환이 이루어지기 위해서는 우선 교육제도의 획일성과 경직성을 줄이고, 유연함을 갖추어야 한다. 현재 국가 주도의 획일적이고 경직적인 공급자 중심의 학교제도에서 변화가 이루어져야 한다. 개인별 학습 시스템이 다양한 형태로 실험되고 성공 사례를 만들어가려면 제도적 유연성이 필요하다. 교육과정, 교육평가 등 학교 제도의 구성요소 중에서 개선해야 할 부분을 우선 선별하여, 법령 개정을 통해 자율성에 기반을 둔 유연성을 확보해야 할 것이다. 국가가 교육정책의 모든 것을 결정하여 시행하는 방식은 산업화 시대에 우리나라 교육을 성장시킨 원동력이 되었다. 표준화된 시스템에서 최고의 효율성을 추구하는 방식으로 성과를 거양해 왔다. 하지만 그 과정에서 학생들의 다양한 꿈과 끼를 키워주는 데에는 한계를 노정해 왔다. 이제 교육 주체들의 자율성을 인정하고 신뢰하는 기반을 마련하여 미래 사회의 빠른 변화에 성공적으로 대응할 수 있는 새로운 방식의 유연한 교육정책 시스템을 구축해 나가야 할 것이다.

미래를 향한 교육 혁신의 노력을 "정해진 철로를 시속 300km로 달리고 있는 기차의 방향을 바꾸려는 시도"에 비유해 볼 수 있다. 현재 교육제도는 과거의 역사와 문화에 의해 만들어진 목표를 향해 철로를 빠르게 달리고 있는 기차와 같은데, 달리는 기차의 방향을 갑자기 바꾸려는 시도는 매우 위험해 보인다. 방향을 바꾸려는 시도에 대해 기차를 타고 있는 사람들은 위기감을 느낄 수밖에 없다. 그동안 정해진 경로를 따라 많은 길을 달려온 사람들에게 목표와 방향, 속도를 바꾸겠다고 하는 것은 동의를 받기 어려운 제안이다. 기차를 타고 거의 종착역에 다다른 사람에게는 더욱 그러할 것이다.

우리 사회 구성원이 토론의 과정을 통해, 달리는 기차가 올바른 방향으로 가지 못하고 있으며 그대로 기차가 계속 달려가면 큰 위기가 닥쳐온다는 것에 동의할 수 있을 때 비로소 변화가 시작될 수 있다. 기존의 철로를 조금 수정해서 해결할 수 있는 문제라면 소위 땜질식 처방으로 해결이 가능하다. 하지만 현재 교육이 처한 상황은, 공통의 목표를 설정하고 함께 달리고 있는 철로 자체가 없어져야 하는 상태이다. 많은 승객을 한 번에 실어 나르는 기차가 아닌 다른 교통수단이 필요한 형국인 것이다.

미래를 대비한 교육을 위해서는 목표와 방향, 방법이 모두 변해야 하는 상황이기 때문에 전면적인 교육 시스템의 혁신이 요구된다. 사회 구성원의 합의를 바탕으로 교육의 장기적인 비전을 설정하고, 교육제도 전반에 대한 창조적 디자인이 필요하다. 새로운 교육의 시대를 맞이하며, 대한민국의 새로운 교육체제의 창조를 위한 사회적 합의와 혁신의 과정을 통해 교육선진국을 향한 담대한 전진을 시작해야 할 것이다.

참고문헌

강태중, 강태훈, 류성창, 정제영. (2016). 지능정보사회를 위한 교육 발전 전략 구상. 서울: 한국교육개발원.

계보경. (2017). 지능정보기술 맞춤형 교육서비스 지원방안연구 중간워크숍 발표 자료. 한국교육학술정보원.

계보경, 김현진, 서희전, 정종원, 이은환. (2011). 미래학교 체제 도입을 위한 Future School 2030 모델 연구(연구보고 KR 2011-12). 한국교육학술정보원.

계보경, 유지현. (2016). 테크놀로지 시대 교육의 재설계 방향 및 출현하고 있는 다양한 학교 모델들(연구자료 RM 2016-3). 한국교육학술정보원.

교육부. (2014). 대학 구조개혁 추진계획 보도자료.

교육부. (2015). 초·중등학교 교육과정 총론(교육부 고시 제2015-74).

교육부. (2017a). 경제·사회 양극화에 대응한 교육복지 정책의 방향과 과제 보고서.

교육부. (2017b). 2016년 초·중·고 사교육비 조사 결과 보도자료.

교육부, 한국교육개발원. (2016). 2016 한국 성인의 평생학습 실태. 서울: 한국교육개발원.

국회입법조사처. (2017). 노인 부양부담의 증가 및 정책적 시사점. 지표로 보는 이슈, 90호-20170523.

근로복지공단 공식 블로그. http://blog.kcomwel.or.kr/1036에서 인출.

기영화, 임진혁, 유규창, 최동주, 홍진이, 박태균, 조진한, 서헌주, 오창환, 이혜미. (2017). 한국형 온라인 공개강좌(K-MOOC) 활용도 제고 방안 연구. 서울: 국가평생교육진흥원.

김경근, 성열관, 김정숙. (2007). 학력 부진 아동의 특징 및 발생 원인에 대한 면담 연구. 교육사회학연구, 17(3), 27-52.

김동환. (2011). 시스템 사고. 경기: 선학사.

김성일, 윤미선, 소연희. (2008). 한국 학생의 학업에 대한 흥미- 실태, 진단 및 처방. 한국심리학회지, 14(1), 187-221.

김영철, 임천순, 반상진, 오현석, 신준섭. (2004). 정보지식사회에 따른 학제 다양화 방안. 서울: 한국교육개발원.

김자미, 구양미, 김용. (2014). 한국형 MOOC 연계를 위한 온라인 강의 활성화 방안. 교육부 연구보고서.

김정욱, 박봉권, 노영우, 임성현. (2016). 2016 다보스 리포트. 서울: 매일경제신문사.

김창욱, 김동환. (2006). 정책부작용의 원인과 유형- 시스템 사고에 입각한 분석. 제1회 복잡계 컨퍼런스.

류성창, 김태완, 장혜승, 서예원, 권기석, 박종효. (2011). 스마트 세대를 위한 KEDI 교육 미래비전 연구. 서울: 한국교육개발원.

미래창조과학부. (2017). 10년 후 대한민국, 미래 일자리의 길을 찾다. 세종: 미래창조과학부.

박남기. (2015.08.21.). 노인 기준 바꾸자. 사랑방신문. http://news.sarangbang.com/detail.html?uid=113076.

박삼철. (2016). "21세기 기술(21st Century Skills)" 교육을 위한 미국과 호주의 학교혁신 사례 탐색. 비교교육연구, 26(6), 113-133.

박종필. (2016). 미국의 미래학교가 학교 및 교사 교육에 주는 시사점 탐색: SOF를 중심으로. 한국교원교육연구, 33(4), 45-67.

박종현, 방효찬, 김세한, 김말희, 이인환, 최병철, 이강복, 강성수, 김호원. (2014). 사물인터넷의 미래. 서울: 전자신문사.

방송통신진흥본부. (2014). 고등교육의 혁명 MOOC, 최근 현황과 시사점. 방송통신진흥본부 미디어산업진흥부 트렌드 포커스.

배상훈. (2011). 미래 고등교육 수요 변화 분석 및 대응방안 연구. 한국장학재단.

성의철, 양혁승. (2015). 절대평가 대비 강제배분 상대평가 방식이 피평가자의 외재적 동기에 미치는 직·간접 효과. 대한경영학회지, 28(3), 1009-1027.

성태제. (2014). 현대교육평가. 서울: 학지사.

손병호, 김진하, 최동혁. (2017). 4차 산업혁명 대응을 위한 주요 과학기술혁신 정책과제. Kistep issue paper, 2017(4), 1-36.

양정호, 서정화, 김영철, 백순근. (2008). 학력격차해소를 위한 학습부진 책임지도 정책추진 방안 연구. 서울: 교육과학기술부.

윤정일, 김계현, 한숭희, 윤여각, 우마고시 도오루. (2001). 학교교육 붕괴의 실상과 원인에 관한 조사연구. 서울: 서울대학교 교육연구소.

윤정일, 송기창, 조동섭, 김병주. (2015). 교육행정학 원론. 서울: 학지사.

윤철경, 이인규, 박창남. (1999). 학교붕괴 실태 및 대책 연구. 서울: 교육부.

이종재, 김성열, 돈 애덤스. (2010). 한국교육 60년. 서울: 서울대학교출판문화원.

이종재, 정제영. (2003). 학업부실학교의 규모와 특성에 관한 연구. 중·고등학교를 중심으로. 교육행정학연구, 21(3), 237-254.

임언, 안재영, 권희경. (2017). 인공지능(AI) 시대의 직업 환경과 직업교육. 세종: 한국직업능력개발원.

정범모. (2011). 내일의 한국인. 서울: 학지사

정제영. (2016). 지능정보사회에 대비한 학교교육 시스템 재설계 연구. 교육행정학연구, 34(4), 49-71.

정제영. (2017). 4차 산업혁명 시대의 학교제도 개선 방안 : 개인별 학습 시스템 구축을 중심으로. 교육정치학연구, 24(3), 53-72.

정제영, 강태훈, 김갑성, 류성창, 윤홍주. (2013). 미래 교육환경 변화에 따른 교원정책의 시사점 탐색 연구. 서울: 한국교육개발원.

정제영, 선미숙. (2017). 지능정보사회의 미래 학교교육 전략 수립 연구. 전국시도교육감협의회.

조지민, 김명화, 최인봉, 송미영, 김수진. (2007). 국가수준 학업성취도 평가 연구. 2003~2006년 변화 추이. 서울: 한국교육과정평가원.

주삼환. (1997). 한국 교육행정 체제와 조직의 발전. 교육행정학연구, 15(1), 1-17.

주삼환. (2016). 21세기 한국교육. 서울 : 학지사.

주싱가포르대한민국대사관. (2017). 싱가포르 교육부, 초중고 학생 대상의 교육용 온라인 플랫폼 발표(2017. 8. 24). http://overseas.mofa.go.kr/sg-ko/brd/m_2522/list.do에서 인출.

최상근, 박효정, 서근원, 김성봉. (2004). 교육소외 계층의 교육실태와 정책과제. 서울: 한국교육개발원.

최진숙. (2014). 온라인 교육문화혁명: MOOC, 글로벌 문화콘텐츠, 14, 179-198.

통계청 e-나라지표. http://www.index.go.kr/main.do에서 인출.

통계청. (2016). 장래인구추계: 2015~2065년 보도자료(2016. 12. 8.).

통계청. (2017). 2016년 출생·사망통계 잠정 결과(2017. 2. 2.).

하원규, 최남희. (2015). 제4차 산업혁명. 서울: 콘텐츠하다.

한국개발연구원. (2013). KDI 행복연구조사.

한국교육개발원. (2016a). 교육동향: 미국의 미래학교 프로젝트 추진현황 (2016. 4. 27.).

한국교육개발원. (2016b). 교육동향: 캐나다의 미래학교 프로젝트 추진현황 (2016. 4. 27.).

한국교육개발원. (2017a). 교육개발 2017년 9·10월 통권 202호(ED2017-202), 44(4). 서울: 한국교육개발원.

한국교육개발원. (2017b). 교육동향: [독일] 디지털 교육을 위한 시범학교 운영 시행(2017. 3. 27.).

한국교육개발원. (2017c). 교육정책포럼 2017년 통권 283호. (1/18). 교육정책 네트워크. 서울: 한국교육개발원.

한국청소년정책연구원. (2016). 대학생 졸업유예 실태 및 지원 방안 연구. 세종: 한국청소년정책연구원.

허경철. (2001). 미래사회와 학교 교육과정의 운영. 교육과정연구, 19(1), 67-93.

홍성민. (2017). 4차 산업혁명에 따른 일자리의 변화. Entrepreneurship Korea, 5, 7-8.

KT경제경영연구소. (2016). 인공지능(A.I.), 완생이 되다. 디지에코 보고서.

Banathy, B. H. (1995). Developing a systems view of education. Educational Technology, 35(3), 53-57.

Bernstein, B. (1977). Social class, language and socialization. In J. Karabel and A.H. Halsey(eds.), Power and ideology in education. NY: Oxford University Press.

디지털 시대와 4차 산업혁명에
대비한 교육의 시대

Bourdieu, P. (1973). Cultural reproduction and social reproduction. In R. Brown(ed.), Knowledge, education, and cultural change. London: Tavistock.

Bowles, S., & Gintis, H. (1976). Schooling in capitalist America: Educational reform and the contradictions of economic life. New York: Basic Books.

Bowles, S., & Gintis, H. (1986). Democracy and capitalism: Property, community, and the contradictions of modern social thought. New York: Basic Books, Inc, Publishers.

Cavus, N., & Kanbul, S. (2010). Designation of Web 2.0 tools expected by the students on technology-based learning environment. Hispanic Journal of Behavioral Sciences, 2, 5824-5829.

Coleman, J. (1966). The concept of equality of educational opportunity. Harvard Educational Review, 38(1), 37-77.

Creemers, B. (1996). The school effectiveness knowledge base. NY: Routledge.

Edmonds, R. (1979). Effective schools for the urban poor. Educational Leadership, 37(1), 15-24.

ESFA(Education and Skills Funding Agency). (2014). Priority School Building Programme(PSBP). https://www.gov.uk/government/collections/priority-school-building-programme-psbp에서 인출.

ETRI. (2014). Energy technology reference indicator projections for 2010-2050. Publications Office of the European Union.

Frey, C. B., & Osborne, M. A. (2013). The future of employment: how susceptible are jobs to computerisation. Retrieved September, 7, 2013.

Fullan, M. (2010). All systems go. Thousand Oaks, CA. : Corwin Press; Toronto: Ontario Principals Council.

Gardner, D. P., Larsen, Y. W., Baker, W., Campbell, A. & Crosby, E. A. (1983). A nation at risk: The imperative for educational reform (p.

65). United States Department of Education.

Giroux, H. (1983). Theory and resistance in education: A pedagogy for the opposition. Amherst, MA: Bergin & Gavey.

Griffin, P., McGaw, B., & Care, E. (2012). The Changing Role of Education and Schools. In P. Griffin, B. McGaw & E. Care (Eds.), Assessment and Teaching of 21st Century Skills (pp. 1-16). Dordrecht, Germany: Springer Science + Business Media B.V.

Havighurst, R. J. (1948). Developmental tasks and education.

Havighurst, R. J. (1953). Human development and education.

Illich, l. (1970). Deschooling society. New York: Harrow Books (Harper & Low).

Jencks, C., Smith, M., Acland, H., Mary J. B., Cohen, D., Gintis, H., Heyns, B., & Michelson, S. (1972). Inequality: A reassessment of the effect of family and schooling in America. New York, NY, US: Basic Books.

Kornhaber, M. L. (2004). Appropriate and inappropriate forms of testing, assessment, and accountability. Educational Policy, 18, 45-70.

Laitsch, D. (2006). Assessment, high-stakes, and alternative visions: Appropriate use of the right tools to leverage improvement. The Great Lakes Center for Education Research & Practice.

Linn, R. L. (1998). Assessment and accountability. CRESST/University of Colorado at Boulder.

OECD. (2014). Society at a Glance 2014. OECD Publishing.

OECD. (2016). OECD Family Database(INDICATORS). SF2.1: Fertility rates. http://www.oecd.org/els/family/database.htm에서 인출.

Peterson, P. E., & West, M. R. (2003). No Child Left Behind? The politics and practice of school accountability. Washington D.C.: The Brookings Institution Press.

Rachel, R. (2002). Scaffolding as a Teaching Strategy. Adolescent Learning and Development, 5, 2-13.

Reimer, E. (1971). School is dead: Alternatives in Education. New York: Penguin Books.

Rotherham, J. A., & Willingham, D. (2009). 21st Century Skills: The Challenges Ahead. Educational Leadership. 67, 16-21.

Rychen, D. S., & Salganik, L. H. (eds.) (2003). Key competencies for a successful life and a well-functioning society. OECD.

Sashkin, M., & Egermeier, J. (1992). School Change Models and Processes: A Review of Research and Practice. Paper presented at the Annual Meeting of the American Educational Research Association, San Francisco, CA, April 20-24, 1992.

Schwab, K. (2016a). The fourth industrial revolution. Geneva: World Economic Forum.

Schwab, K. (2016b). What it means and how to respond. In Rose G(eds.), the fourth industrial revolution. New York: Council on Foreign Relations.

Scruggs, T. E., & Mastropieri, M. A. (1996). Teacher perceptions of mainstreaming inclusion, 1958-1995: A research synthesis. Exceptional Children, 63, 59-74.

Senge, P. M. (1990). The fifth discipline. Doubleday/Currency.

Shah, D. (2016). edX's 2016: A Year in Review, Class Central, https://www.class-central.com/report/edx-2016-review.

Smith, M., S. & O'Day, J. A. (1991). Systemic school reform. In The Politics of curriculum and testing, Politics of Education Association yearbook 1990, ed. Susan Fuhrman and Betty Malen, 233-267. London: Falmer Press.

Sterman, J. D. (2001). System Dynamics Modeling: Tools for Learning in a Complex World. California Management Review, 43(4), 8-25.

Trilling, B., & Fadel, C. (2009). 21st century skills: Learning for life in our times. San Francisco, CA, US: Jossey-Bass.

Tyack, D. B., & Cuban, L. (1995). Tinkering toward utopia: A century of public school reform. Cambridge, Mass : Harvard University Press.

U. S. DOE. (2010). Education Technology Plan 2010.

UN(United Nations). (2015). World population prospects (The 2015 Revision): Key findings and advance tables. Author. Retrieved, Dec. 9, 2017, from https://esa.un.org/unpd/wpp/publications/files/key_findings_wpp_2015. pdf.

Wood, D. J., Bruner, J. S., & Ross, G. (1976). The Role of Tutoring in Problem Solving. Journal of Child Psychiatry and Psychology, 17, 89-100.

World Economic Forum. (2016). The Future of Jobs : Employment, Skills and Workforce Strategy for the Fourth Industrial Revolution.

디지털 시대와 4차 산업혁명에
대비한 교육의 시대

찾아보기

정제영

이화여자대학교 교육학과 교수

정제영 교수는 서울대학교 교육학과를 졸업하고, 동 대학원에서 교육행정 전공 박사 학위를 취득하였다. 제44회 행정고등고시에 합격하여 교육부에서 사무관과 서기관으로 근무하면서 교육정책의 이론과 실제를 두루 경험한 바 있다. 현재 이화여자대학교 교육학과 교수로 재직 중이며, THE인재평가지원실장과 국가지정 정책연구소인 학교폭력예방연구소에서 부소장을 맡고 있다. 이화여자대학교 기획처 부처장, 교육학과장과 도덕윤리연계전공 주임교수를 역임한 바 있다.

주요 관심 분야는 교육정책의 기획과 집행, 평가 과정에 관한 연구이다. 특히 미래 교육정책의 방향과 과제, 학교폭력 예방 정책, 학업중단 위기 학생에 대한 정책, 교원의 역량 개발과 학교교육의 개선 정책 등의 주제에 대해 다양한 연구를 진행하고 있다.

현재까지 국내외 학술지에 60여 편의 논문을 발표하였다. 주요 저서와 역서로는 『교육행정 및 교육경영』, 『교육과 행정』, 『장학론』, 『장학과 수업 리더십』, 『제4차 산업혁명 시대의 한국교육의 전망과 과제』, 『제4차 산업혁명시대 대한민국 미래교육보고서』, 『카이스트, 통일을 말하다』, 『학업중단 예방과 위기학생 지도』, 『학교폭력 예방 및 학생의 이해』, 『학교폭력 예방의 이론과 실제』, 『괴롭힘 예방』, 『교육행정학 핸드북』, 『사교육: 현상과 대응』, 『한국교육 60년』 등이 있다.

교육학 분야 학술활동으로 한국교육학회 사무국장, 한국교육재정경제학회 상임이사 등을 역임하였고, 한국교육정치학회 편집위원장, 한국교원교육학회 이사로 활동하고 있다. 교육부 정책자문위원회 위원, 보건복지부 R&D심의위원회 위원, 여성가족부 학교밖청소년지원위원회 위원, 서울지방경찰청 사회적약자 치안정책 자문위원회 위원, 서울특별시교육청 성과평가위원회 위원, 경기도교육청 경기미래교육기획단 위원, 한국교육방송공사 경영평가단 위원 등으로 활동하였다.

디지털 시대와 4차 산업혁명에 대비한 교육의 시대

초판발행	2018년 10월 15일
중판발행	2020년 3월 10일
지은이	정제영
펴낸이	노 현
편 집	김상윤
기획/마케팅	이선경
표지디자인	조아라
제 작	우인도·고철민
펴낸곳	㈜ 피와이메이트
	서울특별시 금천구 가산디지털2로 53 한라시그마밸리 210호(가산동)
	등록 2014. 2. 12. 제2018-000080호
전 화	02)733-6771
f a x	02)736-4818
e-mail	pys@pybook.co.kr
homepage	www.pybook.co.kr
ISBN	979-11-89005-36-8 93370

정 가   12,000원

박영스토리는 박영사와 함께하는 브랜드입니다.